2022

云南文化和旅游规划设计 优秀成果集

云南省旅游规划研究院暨中国旅游研究院昆明分院 ◎ 编

中国旅游出版社

项目策划：武　洋
责任编辑：武　洋
责任印制：钱　宬
封面设计：武爱听

图书在版编目（CIP）数据

2022 云南文化和旅游规划设计优秀成果集 / 云南省
旅游规划研究院暨中国旅游研究院昆明分院编 . -- 北京：
中国旅游出版社 , 2024.6
　　ISBN 978-7-5032-7278-3

　　Ⅰ . ① 2… Ⅱ . ①云… Ⅲ . ①旅游规划—研究成果—
汇编—云南— 2022 Ⅳ . ① F592.774

　　中国国家版本馆 CIP 数据核字 (2024) 第 028576 号

书　　　名：2022 云南文化和旅游规划设计优秀成果集

作　　　者：云南省旅游规划研究院暨中国旅游研究院昆明分院　编
出版发行：中国旅游出版社
　　　　　　（北京静安东里 6 号　邮编：100028）
　　　　　　http://www.cttp.net.cn　E-mail:cttp @ mct.gov.cn
　　　　　　营销中心电话：010-57377103，010-57377106
　　　　　　读者服务部电话：010-57377107
排　　　版：小武工作室
经　　　销：全国各地新华书店
印　　　刷：北京工商事务印刷有限公司
版　　　次：2024 年 6 月第 1 版　2024 年 6 月第 1 次印刷
开　　　本：889 毫米 × 1194 毫米　1/16
印　　　张：12.5
字　　　数：268 千
定　　　价：69.80 元
ISBN　　 978-7-5032-7278-3

2022
云南文化和旅游规划设计优秀成果集
编委会

主　　编：蒙　睿

执行主编：杨　晓

编　　委：潘龙宇　张　冬　张文娟　杨晓旭　万海波
　　　　　史雷萌　陈　琦　张　芮　邓　毅　牛　辕
　　　　　孙乾皓　苏训美　文　卿　黄雅新　黄　欢

参与编撰单位（排名不分先后）

北京绿维文旅科技发展有限公司

北京大地风景旅游景观规划设计有限公司

广东国地规划科技股份有限公司

基准方中建筑设计股份有限公司

昆明理工大学设计研究院有限公司

四川艾迪瑞城市规划设计有限公司

上海交通大学设计研究总院有限公司

云南康藤旅游发展有限公司

云南省设计院集团有限公司

云南吉成园林设计有限公司

云南省设计院集团工程投资有限公司

云南省城乡规划设计研究院

云南同元空间规划设计（集团）有限责任公司

云南方城规划设计有限公司

中国电建集团昆明勘测设计研究院有限公司

浙江大学城乡规划设计研究院有限公司

2022

云南文化和旅游规划设计
优秀成果集

前　言

　　为进一步提升云南文化和旅游规划设计专业水平，发挥优秀文化和旅游规划设计项目的示范引领作用，由云南省文化和旅游厅指导，云南省旅游规划研究院承办，组织了 2022 云南文化和旅游规划设计优秀案例征集活动。此项活动已连续开展 4 年，面向全国规划设计单位，征集对象为云南省地域范围内的规划设计项目。2022 云南文化和旅游规划设计优秀案例征集活动共征集到规划设计成果 54 份。活动组委会通过组织专家小组评审、综合评审等程序，最终评选出 2022 云南文化和旅游规划设计优秀案例 22 项（名单附后）。

　　在近几年的文化和旅游规划设计优秀案例征集和评选过程中，笔者观察到基于云南旅游热土反映出我国旅游规划设计行业发展的一些特征和趋势。

　　坚持正确的政治方向、积极服务和融入国家战略是入选优秀规划设计案例普遍反映出来的价值准则。规划引领发展，而引领发展的规划遵循的是习近平新时代中国特色社会主义思想。在习近平新时代中国特色社会主义思想指导下的旅游规划设计，走的就是符合中国特色社会主义道路的旅游业发展之路。

　　入围优秀案例的规划设计都是反映了创新、协调、绿色、开放、共享新发展理念的作品。它们是空间共生下的旅游规划设计。在国土空间规划对空间的管控之下，各类旅游规划都更加主动融入国土空间规划，遵循生态红线要求，助力生态文明建设。旅游规划更注重提出清晰的空间需求，并强化对空间资源的整合与优化利用，规划空间的整体性和系统性得到加强，如本集收录的案例《腾冲市"大和顺"乡村振兴示范项目规划设计》，就是将和顺点上蓄积的规模化客源，通过轴带联系扩展到高黎贡山西侧的龙川江河谷地带，让腾冲全域旅游的带动性更加明显。它们是产业融合中的旅游规划设计。旅游业和农业、工业、零售业等其他产业跨界融合越来越明显，如本集收录的案例《潞江镇老石梯寨咖啡庄园修建性详细规划》就是旅游业和咖啡产业融合的典型案例；在这个"详细规划"中，我们不但看到竖向规划、空间设计等传统内容，也发现有大量的软性策划和活动蕴含其中，"融合""跨界"在内容体例上也普遍存在。它们是引领需求的创意策划。无论是发展规划还是详细规划、专项规划，旅游规划设计团队都非常注重旅游创意的植入。在市场消费需求快速变化的情况下，跟上需求、符合需求乃至创造需求并引领需求的创意能力将成为旅游规划编制必备的核心能力，如本集收录的《云南茶马古道和北回归线两条国家步道总体规划》提出了诸如文物主题游径、线性文化遗产等在当时具有前瞻性的旅游策划思路。它们是运营导向的旅游规划设计。规划设计师们从业主的角度考虑规划设计的可落地性，能够支撑运营的规划设计才是管用的规划设计。从投入产出角度该怎样合理化确定公共绿化面积和标准，从带动社区发展角度该怎样考虑当地老百姓的利益诉求，怎样更有利于项目运营融入地方文化和治理这些都纳入了规划设计师们的思考范畴，"开发建设思维"逐步融入"运营前置思维"。它们是研究支撑下的规划设计。规划设计是专业技术体系，在循规蹈矩对标编制的形式外，更多需要因地制宜、实事求是对资源进行分析、对市场进行预判、对政策进行梳理、对环境进行评估、对动能进行选择、对方法路径注入创意。本集收录的规划设计成果，都是经团队反复调研、深入研究、及时调整后的规划设计案例，体现了这些优秀规划设计团队求真务实的工作作风。

这些入选的优秀规划设计案例也反映出一些新老交织的问题。在管理体系上，旅游规划的法定地位没有明确，旅游规划在政府规划体系中处于边缘和弱势地位，依附于以项目为主的发展规划体系和国土空间规划来实施。在技术体系上，由于旅游规划编制的基础技术体系一直没有建立，旅游规划编制成果的规范性较差，比如规划名称的随意性、规划内容的随意性和规划要解决的核心问题的不明确性等问题。

为了更好地发挥优秀规划设计成果的示范作用，云南省旅游规划研究院组织获奖项目团队主创人员对项目案例进行汇编，形成《2022 云南文化和旅游规划设计优秀成果集》。汇编工作不仅对获得优秀案例的项目案例内容进行了凝练，更注重规划主创团队对项目的思考与问题解决的过程，从中挖掘思想的精华，以期为广大旅游规划设计者及有关从业者提供借鉴。

由于主客观原因，疏漏之处在所难免，敬请广大读者批评指正。

编委会
2023 年 10 月

目　录

专项规划类

项目规划设计

发展规划类

海口镇海关社区矣渡村农文旅融合项目概念性规划 [1]

休闲度假旅游市场在国内旅游市场中占有重要的地位，其中湖泊旅游是休闲度假旅游的热门选择。我国的旅游业正在快速地发展，湖泊型休闲度假旅游比重不断提高，湖泊型旅游度假区已成为我国重要的度假类型。抚仙湖是云南省第一深水湖泊，良好的水质和丰富的生态环境资源，具有一定的优势和旅游开发价值。矣渡村乡村振兴项目的开发对抚仙湖的旅游开发起着有益补充和产业结构优化的作用，对推动玉溪、澄江的经济和社会发展有着积极的作用。项目的规划实施可以拉动与之相关联的产业及消费，有利于提高抚仙湖的知名度与形象，丰富抚仙湖的旅游产品多样性，有利于完善澄江、玉溪乃至于云南的农文旅产业结构，有利于推动抚仙湖、星云湖生态建设与旅游发展改革综合试验区的建设。

一、规划背景

为适应新时期下对于抚仙湖流域保护的总体要求，应落实相关政策、上位规划、条例对矣渡村乡村振兴项目的开发建设要求，推动项目的整体开发，合理引导项目下一步的开发建设，有序安排各类功能设施和用地，全面提升片区的整体定位。

（一）党的十九大提出实施乡村振兴战略

2018 年 2 月 4 日，中共中央、国务院发布了 2018 年中央一号文件，即《中共中央　国务院关于实施乡村振兴战略的意见》，该意见指出：乡村振兴战略坚持农业农村优先发展，目标是按照产业兴旺、生态宜居、乡风文明、治理有效、生活富裕的总要求，建立健全城乡融合发展体制机制和政策体系，加快推进农业农村现代化。

（二）云南省编制《云南省乡村振兴战略规划（2018—2022 年）》

《云南省乡村振兴战略规划（2018—2022 年）》提出坚持把解决好"三农"问题作为全省工作重中之重，坚持农业农村优先发展，让农业成为有奔头的产业，让农民成为有吸引力的职业，让农村成为安居乐业的美丽家园，让云南美丽乡村成为中国最美丽省份的亮丽名片。

（三）2022 年两会上，玉溪市提出加快农业农村现代化建设

全面推进乡村振兴。澄江市培育发展康养产业，构建"大健康 + 全域旅游 + 康养 + 特色小镇"链条，打造国际高品质康养旅居新高地。

---

[1] 编制单位：四川艾迪瑞城市规划设计有限公司
文稿执笔人：苟涛、吴涛、徐洲、罗玉丹

（四）项目规划依据《玉溪市城乡总体规划（2016—2035）》，明确玉溪市为世界级高原湖泊旅游休闲胜地

（五）依据《抚仙湖保护和科学利用专项规划（2018—2035）》

二、规划范围

提出两市依托滇池、阳宗海、抚仙湖、星云湖、杞麓湖的优质高原湖泊资源，整合石林、园博园等旅游景区，合作共管，大力发展湖区经济。规划形成"三片、四轴、十区"旅游空间格局，本项目位于抚仙湖高端休闲度假旅游区，主打高端休闲康体、农文旅休闲类产品。

矣渡村重点发展高端生态休闲旅游业、康养和体育产业，全面实施"生态+、旅游+、农业+"目标，打造涵盖农、学、研、康、体为一体的农文旅休闲产业综合体。

项目基地位于抚仙湖东南岸，澄江市海口镇海关社区矣渡村。规划总用地面积约17.2万平方千米（见图1），本次规划范围已沿环湖路外侧水平延伸50米退让以及抚仙湖最高蓄水位1723.35米沿地表向外水平延伸100米退让以及抚仙湖生态保护红线的退让。

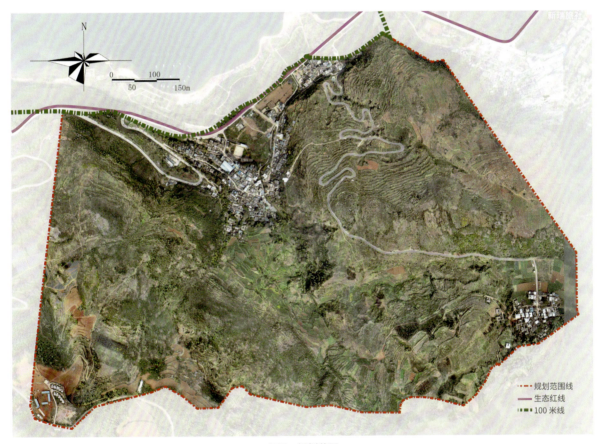

图1　规划范围

三、规划原则

（一）文化引领，产业带动

推动文化产业赋能乡村振兴，文化是根本，产业是载体。要以社会主义核心价值观为引领，统筹优秀传统乡土文化保护传承和创新发展，传承发展农耕文明，深化优秀农耕文化的传承、保护和利用，充分发挥文化铸魂、文化赋能作用，推动文化产业资源要素融入乡村经济社会发展，挖掘提升乡村人文价值，培育乡村发展新动能。

（二）农民主体，多方参与

农民是推动乡村振兴的主体。推动文化产业赋能乡村振兴过程中，要充分尊重农民意愿，加强对乡村本土文化人才的培育和支持，切实调动农民的积极性、主动性、创造性，把维护农民根本利益、促进农民共同富裕作为出发点和落脚点。同时，也要建立有效机制，调动企业、社会组织、高等学校、文化工作者等各方力量广泛参与。

（三）政府引导，市场运作

政府部门要制定政策、营造环境，发挥宣传发动、组织协调、引导扶持作用，但绝不能大包大揽。要坚持有为政府和有效市场相促进，充分发挥市场机制作用，调动市场主体积极性，以重点产业项目为载体，促进资源要素更多向乡村流动，以产业"活水"变输血为造血。

（四）科学规划，突出特色

要走符合农村实际的路子，遵循乡村自身发展规律。提升相关项目规划水平、设计品质、建设标准，防止盲目投入和低水平、同质化建设，避免大拆大建、拆真建假，保护好村落传统风貌，留得住青山绿水，记得住乡愁，推动乡村经济社会更高质量、更可持续发展。

（五）生态文明，绿色发展

绿色发展主张将生态环境保护纳入社会经济活动的方方面面，既是发展理念又是发展途径，以人与自然和谐相处为价值取向，通过推动生产方式、生活方式、文化理念和社会治理的"绿色化"改革，为生态保护提供全方位支撑。

四、规划策略

（一）差异化打造，形成核心竞争力

通过引入流量产业，形成以青少年帆船培训基地、高海拔救援培训基地、摄影基地、生态农业研学基地为主的四大基地，深度融合历史人文，促进一、二、三产的联动，进一步发展旅游业，实现"农、文、体、旅"四位一体的融合发展，并提供金融扶持政策，打造乡村产业孵化功能，最终实现集体经济增收、村民共同富裕。

（二）依托原乡渔村，提升文化竞争力

以矣渡村丰富的神话传说、民俗风情以及古村肌理为核心，围绕矣渡村的"原乡、原貌、原民"的三原特征，培育产业、文化、村落、旅游和生态环境功能的空间，壮大创新文化、延续历史文化根脉，打造文创活动空间，文化交流空间以及文化展示空间，为村庄的发展注入活力。

（三）依托抚仙湖，塑造诗意环境

抚仙湖是塑造特色村庄形象最主要的元素，是村庄特色最为重要的组成部分，依山观水构成了渔村秘境的骨架，在村庄建设中塑造"东临矣渡，矣观仙湖"的诗意环境。要在村庄的建设中突出以人为本、尊重自然及绿色低碳的理念，要与山水、环境、人文相融合。

（四）完善公共配套，塑造宜居宜游空间

完善村庄养老体系、电商体系、交通体系、市政设施体系、垃圾收运体系等内容，同时保护村庄原有风貌，修旧如旧，提升村庄人居环境，塑造舒适宜居的生活空间。

五、设计理念

在矣渡村的规划设计中，着重体现以下发展理念：

（一）小型化

在空间形态层面，控制规模，并进一步控制各个建筑群的规模，避免连片发展，形成小尺度乡村肌理。

（二）低能耗

在开发建设过程中强调生态节能理念，使用生态、绿色、环保的原材料，达到节能、少污染的目标。

（三）慢节奏

在行为心理层面，体现慢节奏，以人为本，强调慢行系统的设计，营造原乡生活气氛。

（四）理性发展

紧抓环保主题，准确定位，理性发展。

六、设计定位

项目以乡村振兴为核心引领，坚持统筹规划、同步实施、重点突破，发挥项目区资源禀赋和康体产业资源等优势，以核心项目建设为抓手，加快发展独具特色、主业突出、融合联动的农文旅产业体系，把项目区打造成为国内知名乡村休闲旅游目的地、全国青少年帆船培训基地。本次的形象定位为：世界深蓝湖区的渔村秘境。

七、设计亮点

以"一大引爆点、一大演绎、四大基地、五大体验"为出发点，形成集旅游观光、休闲养生于一体的省内一流、国内知名乡村休闲旅游目的地。依托抚仙湖打造乡村振兴项目的思路，以衔接"精准扶贫"思路和"乡愁"计划目标路径，同时，深度挖掘乡村振兴项目极具文化生命力和巨大发展潜力与拓展空间的特点和内容，有效解决城市建设中或未来中国特色村庄可能出现的文脉中断、道路拥堵等问题。

（一）一大引爆点

打造"乡村 + 旅游体验"模式，让游客从观光到体验一站式参与，了解矣渡村人文风光及自然风光。通过赏景观湖、原乡民宿、农耕采摘、美食制作等，激发乡村旅游体验，提高集体收入，让游客不仅可以观赏学习，还可以利用场所设施深入体验乡村真实生活、体验农活儿、了解民俗文化、参与农产品收获和农副产品销售。

（二）一大演绎

以矣渡村肖石二仙、徐霞客游记、深海宝藏等当地人文故事为引，结合梯田景观，打造有记忆点的场景，宣传传统文化的同时，最大限度地满足游客的感官体验。

（三）四大基地

依托矣渡村地理优势，建设全国青少年帆船培训、高海拔救援培训、抚仙湖摄影、生态农业研学四大基地，辅以配套完善，促进矣渡村经济增收、村民共同富裕。

（四）五大体验

依山就势，因地制宜。坚持以生态旅游与人文旅游相结合，在保护好生态环境的前提下，共同打造生态文明、原乡文化、生态农业发展、产业融合发展、生态涵养五大体验区，实现旅游经济发展与生态环境建设相统一的可持续发展。

1. 生态文明展示区

通过景观烘托，文化小品展示，形成整个项目区的形象展示面，与湖景形成呼应。同时作为项目区的综合服务功能中心以及民俗文化宣传中心，重点项目包括：农副产品电商物流点、综合服务中心、民俗文化长廊（见图 2）等。

图2　民俗文化长廊设计效果图

2. 原乡文化体验区

依托现状的矣渡原乡，立足古村街巷、古建空间肌理，弘扬民俗文化和少数民族文化脉络，打造原汁原味的乡村文化体验，同时完善服务配套，形成宜居、宜业的生活板块。项目包括：社区养老服务中心、原乡渔村（见图 3）、客屋、普渡庵等。

图3　原乡渔村设计效果图

3. 生态农业发展区

利用目前的梯田景观肌理，将传统农业生产种植搭配良好的景观作物种植，作物包括：水稻、蓝莓、向日葵、油菜、金丝黄菊、蚕豆、大豆等，在满足一产的生产的基础上提升二、三产的附加值，增设二产初加工、三产的民宿体验、农事体验、田间摄影、户外康体活动等内容，打造一、二、三产融合发展示范区。项目包括：摄影基地、七彩梯田、乡村电商平台运营基地、乡村文创产业孵化基地等。

4. 产业融合发展区

依托目前已有的赛事产业基础，完善公服配套设施，打造专业、高品质的帆船基地，重点打造周边旅游差异化产品，包括全国青少年帆船培训基地、抚仙湖摄影基地、高海拔救援培训基地、半山民宿等。

5. 生态涵养区

主要以生态治理功能为主，包括石漠化治理区、生态密林区以及永久基本农田区域，区域整体为原生态的空间肌理，不作为建设区域，未来通过生物措施重点进行生态修复。

华坪县全域康养旅游发展规划（2021—2035 年）[1]

华坪县位于川滇交界处的金沙江中段北岸，是滇西各地州的入川通道，具有独特的区位优势。本规划为县级旅游业发展规划，旨在通过梳理华坪县旅游规划的基本形势，提出对策措施，针对未来一段时期内的华坪县旅游发展提出具有明显推动和促进作用的系统化的指导性建议。本规划通过分析旅游发展中的优势条件与不利因素，提出华坪县旅游发展的总体目标和发展路径；确定旅游发展的空间布局和重点建设项目，并进行项目规划；调整旅游产品开发思路、设计旅游线路；确定旅游目标市场和品牌形象。在云南省提出持续打造绿色发展"三张牌"和国家全面推进乡村振兴的背景下，如何凸显华坪县优势，打造出体现华坪县旅游产品的差异性与唯一性是本次规划需要解决的主要问题。规划提出，要强化与攀枝花同城发展，打造夜间经济，构建以弘扬"张桂梅精神"为主的红色文化体系等，推动华坪县旅游产业健康有序地发展。

一、项目概况

（一）区位

华坪县隶属于云南省丽江市，位于川滇交界处的金沙江中段北岸，东与钢铁基地四川省攀枝花市接壤，南与楚雄彝族自治州大姚县、永仁县隔江相望，西与永胜县为邻，北与宁蒗彝族自治县相连，是滇西各地州的入川通道。随着高速、高铁等外部交通的改善，从华坪县出发，1 小时可达周边主要城市，5 小时可达省内外大部分城市，具有独特的区位优势（见图 4）。

（二）旅游资源优势

1. 自然风光多彩

以森林及其过渡类型构成的地域自然景观大环境差异和水库、河流、森林、山地景观在小区域范围内的多元化组合景观，为华坪县开发丰富多彩的旅游产品和旅游活动提供了回旋空间。

2. 田园景观多样

田园景观及乡村景观的丰富多样，有利于实现华坪县旅游资源开发的多元化、全域化。如开发多元化的旅游目标、旅游形象、旅游目的地和旅游产品等。

3. 特色农业丰富

"云南省高原特色农业示范县""云南省一县一业示范县""金沙江百里芒果长廊"等与高原特色农产品相关的荣誉称号，树立起了华坪县旅游业的主题形象。

4. 气候条件优越

全国第四批"绿水青山就是金山银山"实践创新基地、"中国避寒宜居地""中国天然氧吧""百佳深呼吸小城""全国第八批民族团结进步示范

[1] 编制单位：云南方城规划设计有限公司

文稿执笔人：吴颖、李云、谭艳林

图4　区位分析图

区""全国老年气排球之乡""中国民间艺术之乡"等称号以及大自然赋予的温度、湿度、海拔度、洁净度、优产度、和谐度、多彩度、光照度、美誉度"九度"资源禀赋是进一步确立华坪县未来发展休闲、养生、康养的重要资源载体。

5.民族风情独特

傈僳族民族民间歌舞、石龙坝彝族（水田人）民族民间歌舞等民族风情旅游资源具有独特性。

6.环保绿色先行

石龙坝工业园区以硅基材料为重点的清洁载能产业对于华坪县的旅游发展有着促进作用。

7.教育意义突出

华坪县是全国优秀共产党员、时代楷模、全国脱贫攻坚楷模、"七一勋章"获得者张桂梅同志的实践教育基地。

（三）旅游开发现状问题

1. 特色旅游产品缺乏

华坪县与大香格里拉旅游圈及四川省内成昆线上的旅游目的地相比，处于"形象遮蔽"的范围内；与周边城市相比，真正具有外向性吸引力、能给外地游客留下鲜明印象的特色旅游产品还不多。高质量、高品位的旅游景区和新的旅游项目开发缓慢，缺乏吸引力度强的"旅游主打产品"。

2. 旅游形象不鲜明

近年来，华坪县从"煤炭经济"向"绿色经济"转型，牢固树立"绿水青山就是金山银山"的发展理念，打造长江上游绿色经济强县，筑牢长江上游绿色生态屏障。但由于在旅游开发过程中，华坪县对旅游的文化内涵发掘不够，相应的宣传推介不力，致使其旅游形象不鲜明。在生态旅游和文化旅游成为当前旅游热点的情况下，人们对华坪县旅游环境的感知较差，使得华坪县在旅游者进行旅游决策时处于极为不利的地位。

3. 旅游服务设施的综合配套程度较低，旅游交通"瓶颈"制约问题突出

目前，全县各地的旅游服务设施存在综合配套程度较低的问题，特别是旅游交通问题尤为突出。一是公路等级较低，许多待开发的旅游景观区只有乡村公路，制约了旅游开发。二是星级宾馆较少，已直接影响到旅游的接待水平。三是文化基础设施薄弱，公共文化活动场所不足，主要表现在软硬件服务设施开发不足。

4. 旅游业发展投入不足，旅游资源开发和旅游宣传促销滞后

长期以来，华坪县对旅游业的引导性投入严重缺乏，财政对旅游业的支持能力普遍较低。旅游基础设施薄弱，配套程度较差。由于旅游宣传促销经费较少，只能组织一些小规模的宣传活动，并且营销方式落后，导致华坪县的旅游发展宣传力度不够、效果欠佳。

5. 文化产业发展缓慢

华坪县从事文化产业的公司和企业几乎没有，产业发展处于空白状态，公共文化基础设施建设薄弱；乡镇及村文化阵地没有充分发挥弘扬优秀传统文化的作用。

6. 专业人才匮乏，队伍力量薄弱

专业型、服务型文旅人才缺乏，精通文化和旅游产业经营管理的人才更为短缺，在一定程度上阻碍了华坪县文化和旅游产业的发展。

二、规划策略

（一）提升旅游竞争力策略

华坪县处于丽江市与攀枝花市两大旅游"高压区"中间，旅游资源禀赋与丽江传统旅游区有较大差距，与攀枝花市具有同质性，康养环境差异不明显。华坪县应找准自身的产品定位，以差异化和旅游资源互补为优势逐步实现和攀枝花市的同城发展。

随着 2022 年华丽高速公路全线通车，云南丽江市至四川攀枝花市的行车时间从原来的 6 小时缩短至 2 小时。华坪县应主动融入丽攀"1 小时"旅游圈，通过加强华坪县旅游宣传、提升旅游景观质量、增加旅游体验活动、完善旅游服务设施、提升旅游服务质量来不断提升自身旅游竞争力，才能共享丽江传统旅游区和攀枝花市的游客。同时，积极培育新业态，争取每个项目的亮点呈现，有利于提升华坪旅游产品的差异性与唯一性。

（二）全域化旅游发展策略

华坪县旅游资源丰富，但具有垄断性、排他性和替代性的旅游资源极少，真正具有外向性吸引力、能给外地游客留下鲜明印象的旅游特色产品还不多。只有发展全域化旅游，形成组合优势，才能形成让游客停得下、住得了、有地方玩的态势。

（三）立足"九度"优势资源条件，加快康养旅游产业发展策略

华坪县被大自然赋予了温度、湿度、海拔度、洁净度、优产度、和谐度、多彩度、光照度和美誉度的"九度"优势条件。旅游发展过程中要通过打造"+旅游"发展模式，持续提升"中国芒乡·华夏之坪"的品牌美誉度和影响力，围绕养老、养生、养心三种业态，推动康养旅游创新创业。

（四）乡村振兴策略

乡村振兴战略坚持农业农村优先发展，目标是按照产业兴旺、生态宜居、乡风文明、治理有效、生活富裕的总要求，建立健全城乡融合发展体制机制和政策体系，加快推进农业农村现代化。华坪县依托芒果产业，在实现产业振兴的同时，推动旅游业与农业融合创新发展，优化乡村生态环境，大力推进旅游富民。

三、全域旅游空间布局

华坪县主动融入大滇西旅游环线建设和丽江市旅游业高质量发展三年行动计划，按照园区经济的思路发展各个旅游板块，根据不同的资源禀赋、文化特征、产品结构、区位条件等因素，准确定位各个板块的功能和发展目标，重点打造"一镇、一江、三河、一园区"的六大旅游板块，科学布局康乐、康体、康疗、颐养、康德、茶禅等新产品、新业态（见图5）。

（一）一镇

丽江华坪国际康养小镇

（二）一江

金沙江百里芒果长廊休闲旅游度假区

（三）三河

鲤鱼河国家水利风景康养旅游区、新庄河田园休闲和民族生态文化旅游区、乌木河户外运动休闲旅游区

（四）一园区

工业旅游园区

四、规划创新及亮点

（一）项目策划方面

本规划对龙头项目、重点项目及部分辅助项目做了示意性功能布局，用于指导下一层次的规划（见表1）。项目分层次、分片区启动，以点带面，带动全域旅游发展。

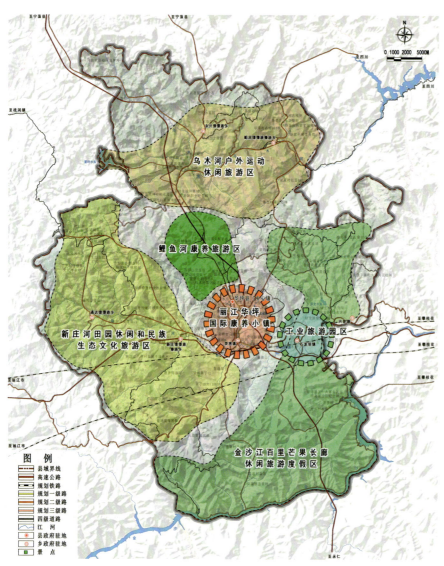

图5 空间结构规划

表1 华坪县旅游发展建设项目一览表

龙头项目	鲤鱼河景区（鲤鱼河国际阳光康养谷、芒果小镇、城市风情游览区、鲤鱼河康养休闲度假区）、金沙江百里芒果长廊休闲旅游度假区、果子山片区建设项目（果子山景区、果子山田园综合体及芒果庄园）、热带亚热带植物园、华坪女高校史馆、"张桂梅精神"党性教育基地
重点项目	河东水库垂钓小镇、轿顶山森林康养公园、菩萨山生态旅游公园、乌木河户外运动休闲旅游区、通达乡民族生态文化旅游区
辅助项目	狮子山民俗游览区、河东热水塘水上游乐园、龙洞依碌坪营地、丽攀高速服务区、雾坪水库风景区、永兴茶园康养休闲度假区、东北部自驾精品旅游区、大兴古镇旅游综合开发项目、太极温泉度假区、新庄河田园综合体、天星蘑菇山森林康养休闲度假区、工业旅游园区、船房乡华荣庄精品庄园、华坪县游客服务中心、德茂社区田园综合体、永兴老熊湾森林康养小镇
文化事业和文化产业类项目	文化产业园区、"县博物馆、图书馆、档案馆"建设项目、省级文物保护单位丁王民族小学四合院抢救性修缮保护项目、乡（镇）综合文化站及村综合文化服务中心提升改造项目、华坪县非遗传习中心建设项目、雾坪水库爱国主义教育基地、3·16革命纪念馆

近期，项目策划立足于张桂梅老师的精神和事迹，充分利用好这张名片，着力规划建设好张桂梅师德师风教育培训基地、家访路线等一系列反映张桂梅精神的基础设施，吸引游客来华坪县旅游、学习、接受教育。

1. 金沙江百里芒果长廊休闲旅游度假区

金沙江百里芒果长廊休闲旅游度假区依托航运基础设施建设，开发金沙江观音岩库区沿线旅游景点，打造"航运旅游、水上竞技、水上娱乐、休闲度假、民族风情"为主题的精品旅游项目；以传承和保护傣族文化为核心，在龙井傣族特色文化村寨开发民宿、垂钓、傣家乐、渔家乐项目，并加大泼水节营销力度，挖掘傣族文化内涵，创新活动内容。

度假区项目建议优先开发龙井村片区，龙井村傣族泼水节在周边区域已经形成了一定的品牌效应，应通过景观氛围营造、节事活动举办、宣传营销等手段，把龙井村片区作为金沙江百里芒果长廊休闲旅游度假区乃至整个华坪县旅游的引爆项目之一（见图6）。

图6　金沙江百里芒果长廊休闲旅游度假区布局

2. 热带植物园

项目依托华坪县与中国热带农业科学院南亚热带作物研究所的良好合作关系，以气候资源、自然资源和丽江旅游市场为基础，以差异化和旅游资源互补为优势，逐步实现华坪县和丽江、攀枝花的"资源共享"和"市场共享"（见图7）。

3. 河东水库

项目充分利用河东水库优良的生态环境，打造以水上垂钓为主题，集休闲娱乐、康养度假、湿地观光等功能于一体的垂钓小镇。垂钓小镇以休闲娱乐功能为主的项目有垂钓中心、采摘园、滨水环步道、生态湿地等；以康养度假功能为主的项目有半岛酒店、养生公寓、养生运动中心、养生体验馆、健康管理中心等（见图8）。

4. 龙洞依禄坪营地

营地项目依托依禄坪开阔的地形和周边杜鹃林及茂密的植被，根据各个季节有不同的景色，打造面向自驾车旅游市场及山林探险、露营市场的特色旅游产品。在配套设施方面，通过建设依禄坪服务区、生态停车场、汽车营地、野营地、杜鹃观赏游路、山林游览线、水上游览等设施，结合民族村落风貌整

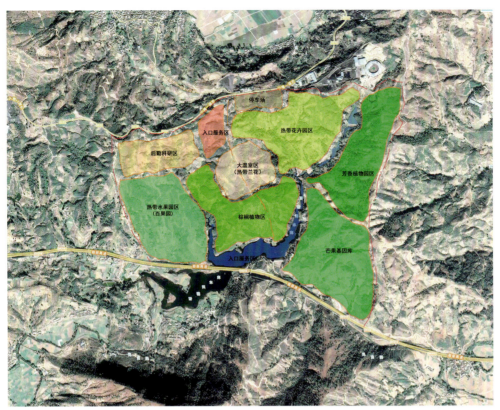

图7　热带植物园布局

图8　河东水库布局

治，特色花卉种植，为游客提供便捷服务的同时丰富游客游览体验（见图9）。

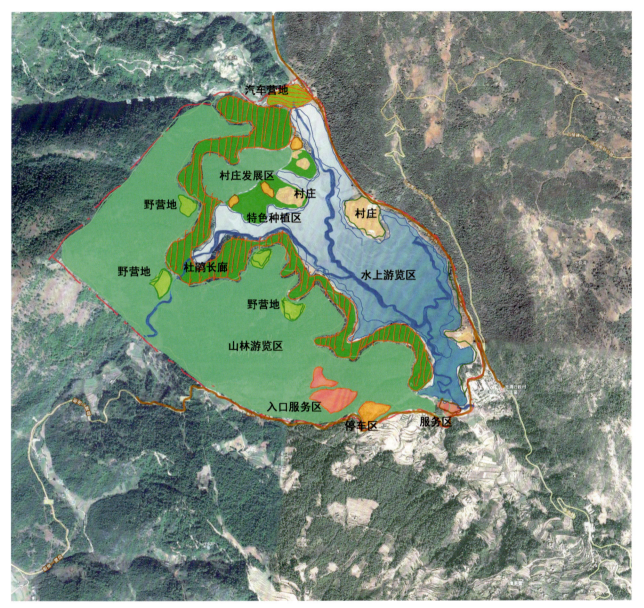

图9　龙洞依禄坪布局

（二）构建以弘扬张桂梅精神为主的红色文化体系带动华坪县文化产业的蓬勃发展

华坪县是全国优秀共产党员、时代楷模、全国脱贫攻坚楷模张桂梅的实践基地。充分发挥张桂梅师德师风教育培训基地、华坪人民革命起义纪念馆、雾坪水库等红色资源优势，把整个华坪县作为红色教育基地来进行打造，促进红色旅游与乡村旅游、研学旅游、生态旅游、民俗旅游等深度融合，形成旅游新业态。推进红色旅游人才队伍建设，带动经济发展和群众就业增收，把华坪县打造为丽江市红色旅游融合发展示范区。

规划围绕红色文化旅游资源策划了红色研学精品游览线路、重走十一万里家访路、围绕弘扬张桂梅精神的"十个一"工程主题游览线路。

1. 红色研学精品游览线路

华坪人民革命纪念馆—张桂梅师德师风教育培训基地丽江华坪女子高级中学—龙头果子山万亩芒果基地。

2. 重走十一万里家访路

自 2008 年创办华坪女子高级中学开始，张桂梅老师的足迹覆盖约 1552 名学生的家庭，行程 11 余万公里。重走家访之路是对张桂梅老师精神之路的探索，包括腊姑河家访之路、三股水茶园家访之路、华荣村家访之路等。

3. 围绕弘扬张桂梅精神的"十个一"工程主题游览线路

干部党性教育和思政现场教学基地—桂梅初心馆—张桂梅党建文化长廊—观看系列围绕张桂梅精神的舞台剧目。

（三）依托气候优势，策划一系列夜间产品丰富旅游业态

华坪县属于亚热带气候类型，立体气候明显，历年平均气温为 19.6 摄氏度，年平均日照时数为 2486.9 小时，平均无霜期为 303 天，具有打造夜间经济的天然优势。规划通过培育"夜间 3E 旅游"，不断增加夜间旅游产品的供给，营造丰富多彩的夜生活，吸引游客过夜。

1. 夜间娱乐

本规划对县城鲤鱼河段进行分期打造，以灯光秀、音乐喷泉秀、水幕电影等方式，激活夜间经济。芒果小镇以芒果为主题，举办与芒果相关的创意设计活动、夜间装置艺术展等。金沙江百里芒果长廊休闲旅游度假区可举办露天狂歌派对，在节假日期间，举办焰火表演、放孔明灯祈福等活动。华坪县城内的各大广场，如兴华广场每逢周末和节假日，进行民俗表演活动，营造夜生活氛围。

2. 夜间休闲

通过政府引导与市场运作，在县城重点区域建设有益健康、保健养生的大健康服务场所。

3. 美食夜市

近期在县城打造相对集中的旅游街区，形成具有一定知名度的夜市，建成烧烤一条街、地方美食一条街、茶铺酒吧一条街。

五、规划实施成效

在《华坪县全域康养旅游发展规划（2021—2035 年）》的指导下，华坪县进一步明确了发展思路和发展路径，及时补短板、强弱项，全县的旅游机制改革得到进一步推进，旅游公共服务设施及基础设施得到进一步完善。目前，已全面推进果子山片区项目的建设，建成了游客服务中心、观景平台，对片区内的道路进行了美化绿化，景区雏形初显（见图 10）。期待华坪县打破桎梏，实现飞跃！

图10　景区建设实景

西双版纳州旅游产业发展及空间布局规划[1]

本次研究立足于西双版纳州"世界旅游名城"建设的背景，基于优质的旅游资源和良好的旅游发展基础，系统探索西双版纳旅游产业发展的新路径，进一步提升西双版纳州在全国的旅游地位，推动旅游产业实现突破性增长和可持续发展；同时依托西双版纳旅游资源分布的空间特征，明确西双版纳州旅游产业空间布局方案，有力支撑西双版纳州"世界旅游名城"建设。

一、规划背景

在"一带一路"倡议的时代背景下，处于国家发展战略交汇叠加区的西双版纳州从"云南桥头堡前沿重心"成为"我国面向东南亚开放的前沿"。

2018 年，云南省政府从贯彻落实习近平总书记对云南"三个定位"及省委、省政府关于打造世界一流的"绿色能源""绿色食品""健康生活目的地"的"三张牌"决策部署，以全球的视野和国际眼光，提出把西双版纳建设成为世界旅游名城的目标，这是对西双版纳实现跨越发展的新定位，也是推动西双版纳州战略转型、实现旅游的跨越式发展的时代契机，更是西双版纳服务和融入国家重大战略的远见卓识。

2020 年西双版纳州"十四五"规划明确"一城两区"的总体定位，着力打造"世界旅游名城"，为西双版纳旅游产业注能的同时，也为旅游产业转型升级提出迫切的要求。

二、核心规划思路

西双版纳旅游有着辉煌过往——"起步早，起点高，名气大"。近年，随着融创项目入驻、告庄夜市的爆火，西双版纳旅游迎来新的热潮，也不断从观光型旅游向体验型旅游转变，但同时也暴露出许多问题，如旅游项目"地产化"现象普遍，空间扩展过快；准入标准不严，规划多，项目多，导致优质项目落地困难；"强资源，弱产品"局面始终存在，旅游产品吸引力逐渐不足；区域合作滞后，旅游产业发展呈现孤立态势；旅游服务设施难以满足客群多样化需求等。一系列问题导致西双版纳旅游吸引力下降，旅游人数、旅游收入等有被省内、省外旅游城市赶超的趋势。

"世界旅游名城"的建设，是西双版纳旅游产业的转型升级的一次良好契机，同时对西双版纳旅游产业发展提出更高的标准、更严的要求。西双版纳州旅游产业亟需摆脱弊端，对标"世界旅游名城"建设的相关标准，以更宽广的视野、更高的站位、更扎实的落位寻求一次蜕变。

[1] 编制单位：云南省城乡规划设计研究院
    文稿执笔人：刀认、王蓉、彭桢

三、规划主要内容

本专题研究从"广"（聚焦旅游产业发展横向联动及拓展）和"深"（聚焦旅游产业发展纵向延伸及提质）两个维度，直面西双版纳旅游发展存在的问题，针对旅游产业发展涉及的区域协同、产品提质、格局优化、服务升级、空间落位五个方面，提出具体的应对措施，促进西双版纳州旅游产业的转型升级。

（一）区域联动/内外协同，开启"双边双向"旅游合作新局面

1. 强化国际交流与联动，建设澜湄区域旅游合作中心

（1）推动国际区域旅游合作，助力西双版纳旅游品牌影响力塑造。巩固原有中国、老挝、缅甸、泰国"金四角旅游圈"的合作成果，将合作领域扩大到中国、老挝、缅甸、泰国、越南、柬埔寨6国，境内携手昆明、普洱、临沧，境外联动越南河内、老挝万象、泰国曼谷、缅甸内比都、柬埔寨金边，构建以西双版纳为中心的，跨区域、国际化的澜湄旅游生态圈，助力西双版纳旅游品牌影响力塑造。

（2）以"两区"建设为突破口，多维度推动跨国旅游合作。借助西双版纳州建设"边境旅游实验区"及"跨境旅游合作区"的契机，深化国际及区域旅游合作交流，从推动旅游产业融合发展、优化出入境管理制度、提高旅游投资便利化水平、强化旅游人才培养引进等多维度推动跨国旅游合作。

2. 积极融入大滇西旅游环线建设，打造环线南部枢纽

立足自身特色，建设差异化旅游产品，打造大滇西旅游环线上唯一集傣族风情及避寒度假为一体的健康生活目的地。聚焦西双版纳州辐射东南亚的区位优势，突出西双版纳双向枢纽的地位，打造东南亚国家进入大滇西旅游环线的必经之路，同时建设大滇西旅游环线游客进入东南亚国家旅游的重要节点，打造环线南部枢纽。

3. 彰显"边城"魅力，建设沿边跨境文化旅游带的示范窗口

依托边境旅游资源（边地风光、边疆风情、边境集市），差异化发展特色旅游，全面提升旅游产品及旅游服务水平，彰显"边城"魅力，建设成为沿边跨境文化旅游带的示范窗口。

4. 协同普洱、临沧，引领澜沧江沿岸休闲旅游示范区建设

打破行政壁垒，协同普洱、临沧，开辟"特色水路游览线"，引领澜沧江沿岸休闲旅游示范区建设，提升区域联动发展效能。

（二）全业融合/传统重塑，形成"文旅""康旅""农旅""边旅"四大旅游产业链

1. 整合全域文化旅游资源，打造"西双版纳民族文化大观园"

（1）核心项目引爆。重点提升1个自然文化项目（野象谷）＋1个民族文化项目（傣族园）＋1个民族文化节庆（泼水节），充分发挥龙头项目的市场吸引力和引擎带动作用，以龙头项目带动旅游突破。

（2）构建旅游文化品牌"象往的地方"。构建旅游文化品牌"象往的地方"，设计旅游形象大使，打造文化周边，探索文化与文学、音乐、影视、舞蹈等领域的结合，催生出新型的旅游产品，走跨界融合的文化旅游发展道路。

（3）活化文化利用。对文化载体（传统村落、民族村寨、历史建筑等）进行多层次挖掘，赋予新功能，还原应用场景。打造非遗"原创"产品，将文

化转化为"可带走""可互动""可感知"的旅游产品。

2. 谋划世界级康养产品，构建大健康旅游产业链，打造健康生活目的地

（1）以"康"为基础，培育特色医疗和康复护理产业。引导资本进入康复、养老服务领域，支持开办养老机构、康复医院等；依托热带雨林资源及温暖湿润的气候，挖掘"傣医""傣药"特色，培育高端特色医养。

（2）以"养"为特色，发展休闲养生和健康养老产业。加快推进康养小镇、养疗示范项目建设；推出温泉养生、乡村养生、森林养生、生态养生等特色产品。

（3）以"健"为重点，培养休闲体育和健康管理产业。积极对接、引入国际级、国家级体育赛事；推动户外拓展、徒步线路等健康设施建设。

3. 优化农业产业结构，促进传统农业转型升级

（1）推动农业规范化、品质化、绿色化发展。加大对生态茶叶、橡胶、中药材、热带水果等优势产业的支持；做精、做优具有绿色健康食品、药品功效的生态茶叶、中药材等，突出营养和健康导向，推动农业产业与旅游产业联动互促发展。

（2）开发"西双版纳礼物"旅游农产品系列。以农产品旅游商品化开发为导向，在产品、包装、标识上充分体现西双版纳特色，打造"西双版纳礼物"旅游农产品系列。

（3）促进"传统农业"向"休闲农业"转变。基于现有农业资源，打造住宿、餐饮、休闲、娱乐等多种基于农业资源的旅游产品体系；选取具有发展基础及发展潜力的村寨，挖掘村寨特色资源，做到"一村一品"，构建让人耳目一新的特色乡村旅游体系，促进"传统农业"向"休闲农业"转型。

4. 构建边境旅游新模式，建设魅力边城

立足"边地"优势，借力口岸发展成果，打造住、食、购、游各具特色的边境旅游小镇，构建"风情旅游小镇＋沿边村寨＋景区"一体化边境旅游新模式，建设魅力边城。

（三）全域整合"并、退、提、增"四管齐下，构建全域高质量产业发展新格局

通过"并、退、提、增（并：合并客群相同、性质类似、相互竞争的旅游项目；退：淘汰规模较小、经济效益差、社会效益不明显的旅游项目；提：做强、做大运行良好、地方特色浓厚、吸引力强的旅游项目；增：制定项目准入门槛，引入符合标准的旅游产品）"的手段，优化全域旅游产品布局。

以"核心资源引领、辅助资源补充、全域整体联动"的思路，谋划西双版纳州旅游发展空间布局，布局民族风情、多彩文化、生态秘境、自驾探险、康养度假、边城之旅六大类旅游产品（见图11），打造热带雨林穿越之旅、昆曼国际大通道自驾之旅、绿三角茶文化之旅、大滇西多彩西双版纳之旅、边境文化风情之旅5条精品旅游线路（见图12），形成"一廊、三城、三带、八区"的旅游产业空间布局结构（见图13），促进旅游产业布局从重点集聚到全域均衡，构建全域高质量产业发展新格局。

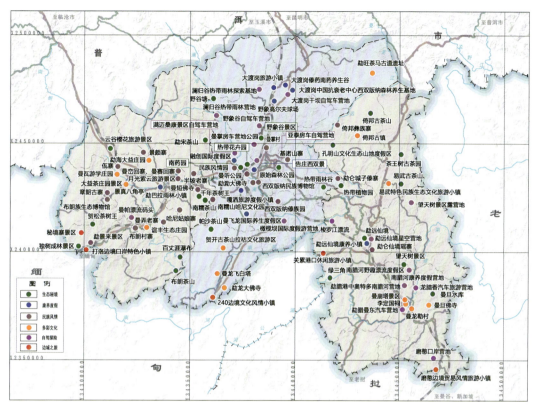

图11 西双版纳州旅游产品布局规划

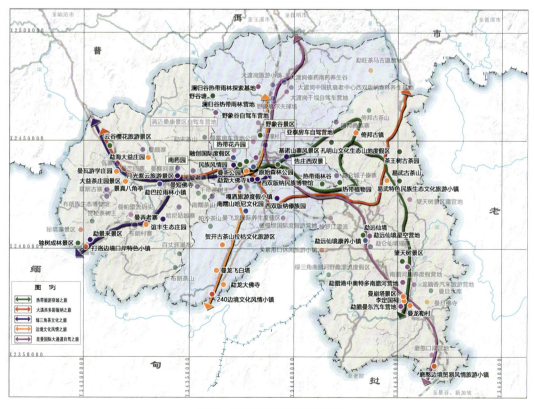

图12 西双版纳州旅游线路规划

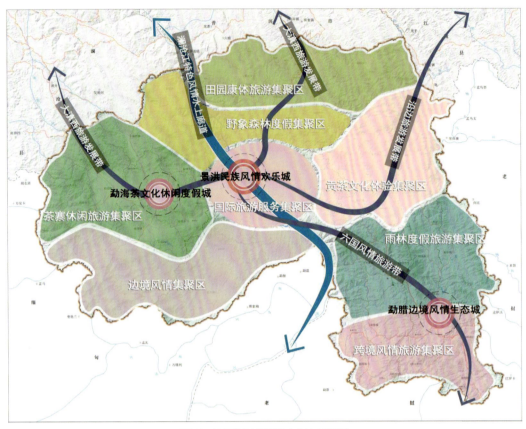

图13　西双版纳州旅游空间布局规划

1. 一廊

指构建澜沧江特色风情水上廊道。以澜沧江水系为依托，整合澜沧江沿岸的旅游资源，推进澜沧江沿线的旅游设施共享共建。结合滇西南特色水路游线建设，与老挝、缅甸、泰国共同推进澜沧江 - 湄公河国际航运便利化，促进境内外航道有效扩容，开通澜沧江旅游水上航线，将澜沧江打造成为对内连接普洱、临沧，对外连接老挝、缅甸、泰国的特色风情旅游廊道。

2. 三城

指三个各具特色的市县。景洪为民族风情欢乐城，勐海为茶文化休闲度假城，勐腊为边境风情生态之城。

（1）景洪民族风情欢乐城。包括景洪主城区、勐罕和勐养，是引领西双版纳旅游发展的主中心。重点实施对旅游六要素"吃、住、行、游、购、娱"的整体升级，深入挖掘民族文化，以民族风情为特色，打造西双版纳州欢乐极核，开发引入吸引力强、品质高的旅游产品，提升景洪市旅游产品整体吸引力，打造成为名副其实的民族风情欢乐之城。

（2）勐海茶文化休闲度假城。以"茶香慢城"为主题，以勐海老城区及西部新城区为载体，打造以茶文化体验为特色，集慢生活体验、民族文化体验、特色美食体验为一体的度假休闲城，同时作为对接大滇西旅游环线的重要节点。

（3）勐腊边境风情生态城。以勐腊县边境区位优势及良好的生态资源为依托，树立边境风情、雨林生态度假旅游品牌，积极发展跨境旅游，将勐腊打造成为面向东南亚开放的国际旅游门户、边境文化及雨林生态体验地。

3. 三带

指六国风情旅游带、大滇西旅游发展带及沿边旅游发展带。

（1）六国风情旅游带。依托昆曼国际大通道及泛亚铁路，重点对沿线的旅游资源整合串联，突出森林度假旅游、边境风情生态旅游，支撑西双版纳纵线旅游发展。

（2）大滇西旅游发展带。以大滇西旅游环线建设为契机，依托勐海至孟连高速，勐海至景洪高速、昆磨高速，勐醒至江城高速，突出茶文化特色及乡村田园特色，打造州域内横向发展的大滇西旅游发展带。

（3）沿边旅游发展带。以云南省建设沿边跨境文化旅游带为契机，依托沿边高速及沿边铁路，与省域内沿边旅游资源整合，彰显"边"的魅力，突出神秘美丽的热带雨林风光，聚焦跨境少数民族文化，差异化发展特色旅游，打造沿边旅游发展带。

4. 八区

指在全州域形成"国际旅游服务集聚区、田园康体旅游集聚区、野象森林度假集聚区、贡茶文化体验集聚区、雨林度假旅游集聚区、跨境风情旅游集聚区、边境民族风情集聚区、茶寨休闲旅游集聚区"8个各具特色的旅游片区。

（四）品质赋能 / 提升服务标准，启动"品质旅游"新篇章

以提升"食、住、行、游、购、娱"旅游六要素为重点，提升西双版纳州旅游行业服务标准，启动"品质旅游"新篇章。

1. "食"——打造特色餐饮品牌

挖掘西双版纳餐饮特色，发展西双版纳地方菜系以及传统名小吃，重点打造民族主题餐饮，将民族菜系打造成为西双版纳美食的王牌产品，打造一批西双版纳本地特色的餐饮品牌，培育餐饮龙头企业，优化餐饮空间布局，形成由"街区、餐饮店、餐饮点"相互构成的、点线面层次鲜明的餐饮布局空间体系。

2. "住"—— 促进住宿供给结构转变

西双版纳州目前的住宿业呈现显著的"金字塔形"的产品结构特征，即低端产品为主，中端次之，高端产品较少。通过"提低（提升低端住宿市场）、拓中（拓展中端住宿市场）、造高（打造高端住宿市场）"等措施，促进住宿供给结构由现在"金字塔形（低端住宿市场为主）"住宿产品结构向"橄榄形（低中高协调发展）"住宿产品结构转变，从而优化全州住宿业布局，建设布局合理、结构合理的世界旅游名城住宿接待服务体系。

3. "行"—— 提升旅游交通设施便捷度及舒适度

持续推进"水陆空铁"综合交通体系建设，完善旅游公路建设，提升景洪、勐海、勐腊城区至主要核心景区景点的道路等级，推动全州景区快速串联。建设生态自驾车营地、生态露营地，构建生态化、标准化的自驾车旅游服务体系，提供旅游集散、户外露营、休闲娱乐、餐饮住宿、信息服务、医疗救援、汽车补给与租赁等服务，有效提升旅游交通设施便捷度及舒适度。

4."游"——打造"全天、全季、全时"旅游产品

摆脱传统旅游消费和体验项目单一重复的模式，向全客群全需求生活化渗透，实现由传统旅游六要素（吃、住、行、游、购、娱）向拓展旅游六要素（文、修、展、养、康、研）的延伸，摆脱传统旅游受季节性、时间段的影响，实现游乐全天全季全时化，有玩、有观、有体验。

5."购"——构建特色购物旅游产品体系

打造龙头旅游购物集聚体验区、申报嘎洒机场免税购物中心和跨境电商综合试验区、提升告庄星光夜市及湄公河六国水上市场。构建西双版纳州旅游商品品牌，搭建创意设计平台，引导创意向商品转化；构建立体化销售体系，规范市场化的经营模式；建立特色旅游商品产业链，统一营销推广旅游商品。

6."娱"——构建文化及休闲为主的娱乐产品体系

世界旅游名城的建设目标要求西双版纳州的旅游娱乐产品的构建必须具有层次的高度与体验的深度，未来将以文化艺术体验作为娱乐产品的核心开发引导方向，休闲养生作为补充性产品，打造以文化娱乐与休闲娱乐两大产品为主体的娱乐产品体系。

（五）精准管控 / 存量提质，增量优选，靶向落位，推动精明增长

走存量提质、增量优选的发展之路，对全域旅游发展潜力空间进行识别，落实旅游产业发展可用地，打通"产业研究"到"空间落位"的有效路径，推动"精明增长"。

1. 旅游用地布局优化

制定项目退出机制，清退低效用地项目，将"土地存量"转化为"发展增量"，达到存量提质目的；制定项目准入标准，提升产业准入门槛，精细化发展，达到增量优选的目的。弱化旅游产业发展对用地的依赖，优化旅游用地布局。

2. 旅游产业发展空间识别

摸清西双版纳州国土空间现状，以空间为出发点和落脚点，沿着限制条件分析，通过旅游空间底图识别的技术路线来识别旅游空间发展潜力（见图14）。

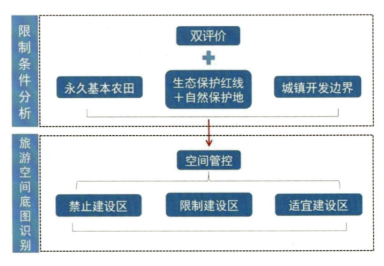

图14　旅游空间识别技术路线

通过对现状旅游资源分布、"双评价"结果、永久基本农田、生态保护红线及自然保护地、城镇开发边界等基本要素叠加分析，识别出西双版纳州旅游产业布局的潜力空间，划定旅游产业发展禁止建设区、限制建设区、适宜建设区（见图15），对旅游产业发展空间布局进行有效指引。

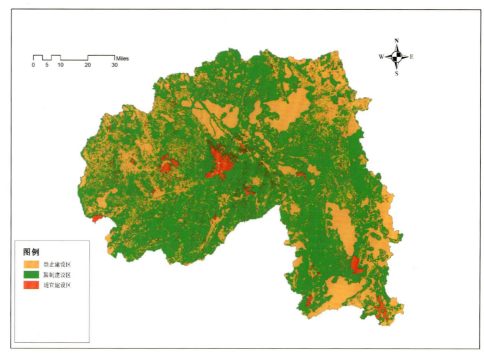

图15　西双版纳州旅游空间管制图

（1）禁止建设区。严格保护自然生态环境及基本农田的生产功能，禁止进行开发建设，不能以其他建设性质改变土地用途。

（2）限制建设区。在不破坏地形地貌、自然环境、生态功能的前提下可进行适度的参观旅游和相关公共设施建设。

（3）适宜建设区。适宜进行旅游开发建设，引导旅游产业发展集聚，促进土地利用集约高效。

四、规划突出亮点

（一）将旅游产业规划全面对接新时代国土空间规划的目标和要求

聚焦新时代国土空间规划背景下"精明增长"的要求，强化资源管控与底线约束思维，避免"贪大求全"，走存量提质、增量优选的发展道路，弱化旅游产业发展对用地的依赖，通过推动旅游产品吸引力升级，服务水平升级，促进旅游产业供需发展平衡，达到优化产业布局的目的。

（二）构建系统性研究框架

从强化区域合作、重塑旅游产品、延伸旅游产业链、提升旅游服务设施、优化旅游产业空间布局等方面入手，构建系统性研究框架，为同类型的旅游产业发展研究提供可借鉴的研究框架。

（三）充分运用国土空间总体规划相关成果

本次研究规划是《西双版纳傣族自治州国土空间总体规划（2021—2035年）》之下的专题规划，充分运用了总体规划"双评价"研究成果及"三区三

（四）打通从"产业研究"到"空间落位"的有效路径

五、经验启示

线"划定成果，结合旅游资源分布特征，对其进行叠加分析，有效识别出西双版纳州旅游发展的潜力空间。

产业研究不再就"产业"论"产业"，而是依托旅游产业发展潜力空间的识别结果，划定旅游空间管控管制分区（禁止建设区、限制建设区、适宜建设区），对旅游项目的空间布局进行有效引导，优化旅游产业空间布局。

西双版纳州地处我国面向南亚东南亚开放的前沿窗口，同时具有优越的旅游资源条件及坚实的旅游发展基础，但近年来旅游人口、旅游收入等存在被省内其他旅游城市赶超的趋势。规划从强化区域合作、重塑旅游产品、延伸旅游产业链、提升旅游服务设施、优化旅游产业空间布局等方面提出具体策略，对需要系统提升旅游产业，实现旅游产业再次突破发展的地区，具有一定的经验启示。

昆明市东川全域旅游规划（2022—2035年）[1]

东川区，地处昆明最北端"两省四地"交界，乌蒙山系、拱王山系、金沙江、小江汇聚交融于此，两千多年悠久的采铜史和辉煌的"滇铜京运"，让东川素有"天南铜都"的美誉。

东川区旨在通过规划引领、统筹布局、分阶段实施的思路下，从传统工业城市向农工文体商旅融合发展的产业转型，并通过旅游从资源导向到产业经济化发展的驱动下，形成东川区一、三产联动发展的助推剂作用。在此思想指导下，本次规划将全面梳理东川区旅游资源状况，明确东川区的旅游发展战略定位、开发模式、实施路径，规划契合东川区旅游产业经济协同发展的空间格局，从旅游产业、旅游产品、旅游路线、旅游交通、服务体系、要素保障及全产业融合发展等方面提出东川区全域旅游规划，并对分期开发实施、重点项目落地提出近、中、远期旅游发展行动计划，特编制《昆明市东川区全域旅游规划（2022—2035年）》。

一、规划背景

（一）区位及交通背景

东川区，隶属于云南省昆明市，位于云南省东北部和昆明市最北端，东与云南省曲靖市会泽县相邻，南与昆明市寻甸回族彝族自治县相接，西与昆明市禄劝彝族苗族自治县相邻，北与云南省昭通市巧家县相连，并与四川省凉山州会理市和会东县隔金沙江相望（见图16）。

图16　东川区交通区域分析图

[1] 编制单位：上海交通大学设计研究总院
　　文稿执笔人：周春晖、石峰、赵淼、沈洁

（二）规划范围

规划范围为东川区行政区域所辖范围，包含 2 个街道、6 个镇、1 个乡（铜都街道、碧谷街道、汤丹镇、因民镇、拖布卡镇、乌龙镇、阿旺镇、红土地镇、舍块乡），规划总面积为 1858.79 平方千米。

（三）资源评估

通过 9 个多月对东川区全域的旅游资源的考察、相关资料的收集与研究，依据中华人民共和国国家质量监督检查检疫总局发布的《旅游资源分类、调查与评价》（GB/T 18972—2017）结合实际情况确定具有一定标识度的全域旅游资源单体 221 处，资源可归为 8 个主类、28 个亚类和 83 个基本类型，其中自然资源反映的是东川区自然山水、气候、森林等自然风光特征，是全域旅游发展的生态基底；人文资源反映的是当地文化脉络与节庆、民俗活动、生活习惯等；社会资源包含特色产业、城市休闲、田园景观及旅游商业等内容，是东川区社会生产生活深度挖掘的部分（见图 17）。

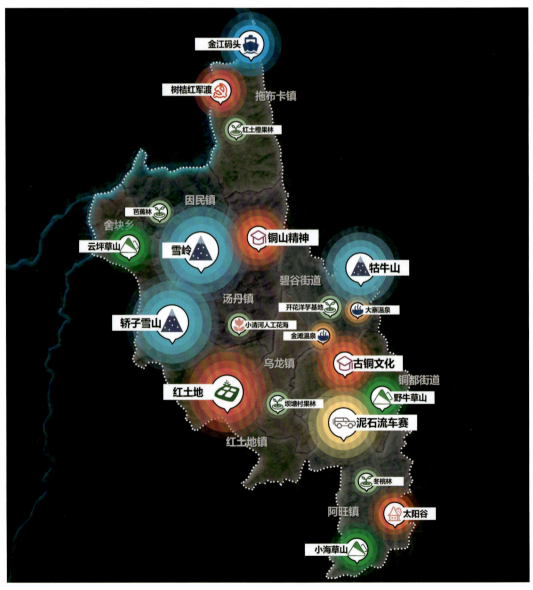

图17　东川区核心资源分析

（四）市场分析

通过精确的客源规划和旅游市场分析及预判，东川区的主要客源来自昆明，延伸至攀枝花、曲靖、昭通等周边城市，辐射西南成都、重庆、贵阳等大城市，次要客源来自北京、上海、成都等国内一线、新一线城市，同时由于东北地区人群对于避寒的需求，可以发挥气候优势，未来吸引东北区域客群。聚焦东川 2 小时出行市场，拓展西南城市客群市场，未来吸引全国中心城市客群市场，深入塑造属于东川区的专项市场。

预测规划期末（2035 年）东川区全域的年游客量可达 1323.67 万人次，预计旅游总收入为 104.47 亿元，人均消费达 789.27 元，步入东川区全域旅游产业转型升级的全盛期。

二、规划定位及发展目标

（一）总体发展定位

以"产业转型升级助推剂，昆明北部新的前沿拓展区"为要素，以滇中文旅产业北拓为发展趋势，以引领滇中文旅新增长极、创建滇中全域旅游样板区、打造具有可持续发展潜力的旅游产品为愿景目标，制定东川区旅游产业发展的总体定位为"滇中文旅新前沿·活力热土新东川"。

（二）全域旅游形象定位

基于东川区铜文化底蕴，以及山川自然风貌不同于云南青山秀水的旅游形象，规划建议提出"天南铜都·趣玩东川"的旅游形象定位。

（三）市场定位

通过对东川区深入的问卷调查、调研走访等基础数据采集和分析，来寻找东川区现阶段所具备的市场潜力，再以全国市场、专项市场的数据研究、趋势分析、客群偏好分析多方面来确定东川区旅游产品业态的布局趋势，以立足滇中放眼全国的视角，为东川区文旅产业发展制定具备可操作性的市场定位。

近期市场定位为"聚焦打造滇中、滇东北的家庭短途休闲和山川户外运动目的地，塑造云南乡土自然与艺术、人文、科技创新融合的新起点。"

中期市场定位为"西南地区高端小众定制化的越野运动前沿，天南铜都新印象和世界级的泥石流天然博物馆亲子文化研学新标杆。"

远期市场定位为"20 摄氏度暖冬康养旅居优选地，滇中最野奢的高山草甸度假秘境"。

（四）发展目标

根据全域旅游定位体系，制定东川区全域旅游发展目标，将东川区旅游项目开发为近、中、远期三个阶段：

1. 近期：2022—2025 年

近期以"一山、一河、一地、一赛事、一乐园"为切口，围绕乌蒙巅运动核心、小清河农旅休闲度假综合体、红土艺术文化核心、泥石流越野车赛主题公园、金沙江水上乐园，打造东川区旅游新引擎，2025 年目标游客量 384.02 万人次，旅游总收入 21.9 亿元，同比 2022 年游客人次年增长率达 20.04%，旅游总收入年增幅 16.77%，通过高附加值、重运营的产品植入，在常疫情时期游客量增速下行的趋势下带来旅游收入的爆发期，预估包含道路交通及市政设施等旅游基础设施建设、要素保障配套、旅游项目建设总投资额 55 亿元。

2. 中期：2025—2030 年

中期以"一铜、一江、一馆"为突破，推进金江游乐度假核心、小江水上运动主题公园、天南铜都文化走廊、泥石流天然博物馆的建设，2030 年目标游客量 739.13 万人次，旅游总收入 49.03 亿元，旅游人次年增幅 14.97%，旅游总收入年增幅 18.72%，进入东川区旅游快速上升期，预估包含道路交通及市政设施等旅游基础设施建设、要素保障配套、旅游项目建设等近期五年旅游项目总投资额 58.57 亿元。

3. 远期：2030—2035 年

规划远期以"一雪山，一秘境，两小镇"为延伸，打造雪岭雪山探险运动公园、舍块高端野奢度假秘境、滥泥坪时光小镇、汤丹天南铜都主题小镇，2035 年目标游客量 1323.67 万人次，年增幅 12.36%，旅游总收入 104.47 亿元，年增幅 19.72%，步入东川区全域旅游产业转型升级的全盛期，预估包含旅游基础设施完善、旅游项目建设等总投资额 87.32 亿元。

三、规划理念和空间结构

（一）全域旅游规划理念

1. 触媒驱动，激活东川旅游的活力因子

在资源枯竭和城市传统产业转型升级的窗口期，通过项目的打造，激发东川区旅游产业的最大潜能，同时带动基础设施建设，加快塑造东川区全新的旅游形象，以打造主题项目触媒引擎为切入口，紧扣东川山、川、铜、大地四个核心主题，以核心带动区域的开发模式，推进东川区旅游产品循序渐进地有序生长，驱动形成小区域的产品链，以点带面利用有效的投资产生高旅游收益。

2. 精明增长，紧凑布局旅游业态空间

严守东川区多年生态修复治理成果，在高峡平湖的山水格局下精准选取土地空间布局高附加值的旅游产品业态，利用新产品活化传统的旅游"低效空间"，通过鼓励、限制、保护等多项措施实现东川旅游的高产出比，用精准建设的开发理念来规避粗放、低效的旅游产品业态。

3. 市场导向，将客群和市场作为产品体系构建的重要依据

在旅游产品体系的构建中，首先依据大众客群进行全覆盖产品设定，在小众和专项客群层面充分结合东川区资源特质，依据市场分析打造东川区主题鲜明的特色产品链，以不同类型、不同层级的客群作为出发点，打造东川区具备可操作性、可运营、可持续的旅游产品构架。

4. 智慧赋能，科技和智能化提升的沉浸式全域旅游

旅游已步入 4.0、5.0 的阶段，通过科技来强化东川区的奇山、矿洞、峡谷、泥石流等壮阔的自然资源，通过科技将文化、艺术和乡土自然更加密切地融合，满足游客猎奇和惊喜的旅行需求，通过科技和智能化产品的赋能强化传统旅游资源和旅游产品的附加值。

5. 产业联动，协同推进东川区全产业链转型升级

充分实践"旅游 +"和"+ 旅游"的产业联动模式，推进旅游与农业、工业、文化、教育、体育、科技、交通等多产业的协同联动，以旅游带人气、塑品牌来提升东川区城市活力，推动东川区整体产业的转型升级。

（二）全域旅游空间结构

在整体规划定位和理念策略的指引下，结合东川区旅游资源分布和旅游项目建设情况，与区域旅游市场发展趋势相结合，构建东川区全域旅游空间结构（见图18），规划"三核、三轴、四片、多节点"构建东川区全域旅游新空间。

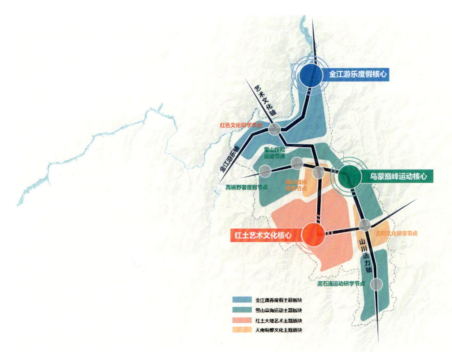

图18　空间结构

1. 三核
乌蒙巅峰运动核心、红土艺术文化核心、金江游乐度假核心，塑造东川活力、健康、人文、自然的旅游内核。

2. 三轴
金江游乐轴、山川活力轴、文化体验轴串联东川区核心产品，打造多面东川的旅游印象。

3. 四片
金江康养度假主题片区、雪山草海运动主题片区、红土大地艺术主题片区、天南铜都文化主题片区，构建东川旅游的山、川、铜、大地四个核心产品体系。

4. 多节点
雪山探险运动、高山野奢度假、红色文化研学、天南铜都文化传承、泥石流运动主题等多个节点聚焦展现东川区的独特魅力。

四、全域旅游产品体系构建及产品规划

（一）产品体系

根据东川区资源特色，依托东川区丰富多样多面的山、川、铜、大地四个类型的自然和文化资源，以及乡村旅游特色，融合现代生活及旅游需求的新业态，借助智慧科学技术，以健康、运动、康养、文化、艺术的定位指引，塑造"山之活力、川之热力、铜之魅力、大地之美"四大产品体系。

1. 山之活力

东川区地处川滇经向构造带与华夏东北构造带的结合过渡部位，境内乌蒙、拱王两大山系纵横于此，乌蒙之巅牯牛山、滇中第一峰雪岭、滇中第一山轿子雪山东坡，老君山、观音山、野牛山、小海草山等峰林峭壁数不胜数。

规划以牯牛山、雪岭作为两大核心辐射周边山林草海资源，打造"乌蒙巅峰运动探索主题公园、滇中第一峰雪山探险主题公园"。

2. 川之热力

白鹤滩电站与金沙江水运开启了昆明的航运门户，小江泥石流是闻名遐迩的泥石流天然地质博物馆和研究人类生存与自然环境相互关系的理想场所。塑造充满欢乐和短期强引流效应的"金江水上主题游、小江水上运动公园"，放大东川区全年 200 余天可玩水的气候优势，撬动两省四地周边玩水游乐客群的聚集。小清河源于轿子雪山，一直以来都是本地人周末休闲游乐的常态选择，规划"洒海农旅休闲体验基地、金滩温泉度假村"为东川区带来一处小美后花园。通过"东川泥石流越野车运动主题基地、泥石流地质研学中心"，将泥石流车赛的激情和江泥石流的世界级科考资源地位与旅游形成更加深度的融合。

3. 铜之魅力

东川铜的开采可追溯至三千余年前的殷商时期，玉碑地遗址的发掘也证实了早在战国时期，东川区就具备了较高程度的铜冶炼文明。嘉庆年间，汤丹每年铸币达三千余万文，其开炉时铸造的嘉庆通宝，是至今为止最古老、最重、创世界吉尼斯之最的古铜币。始于东川府的"关山万里，滇铜京运"历时 185 年，关系着清王朝财政金融的兴衰成败。近代东川的繁荣源于 1954 年"一五"期间，百里矿山会聚了全国上万名技术人才和建设者，建成因民、落雪、汤丹、滥泥坪四大矿山采选厂，不朽的铜山精神"头顶青天、脚踏云海、胸怀祖国、放眼世界"刻于大井架之上，成为这座城市的立身之本。

4. 大地之美

因一张照片和一段追寻美景的故事，揭开了红土地的序幕，这里被认定为全世界最有气势的红土地之一，油菜花、洋芋花和各色农作物在光线的变化中呈现绿、白、红、金层层色彩，是东川区旅游的第一张名片，十余年间吸引着无数摄影爱好者前来，但随着种植作物逐渐杂乱，旅游业态缺乏更新，红土地逐渐变得暗淡。规划以"重塑红土地名片，打造七彩云南的红"为目标，以重运营轻资产的逻辑来塑造东川红土地的美。

（二）产品规划

1. 山之活力产品规划

（1）乌蒙巅峰运动探索主题片区核心项目。乌蒙巅峰运动探索主题片区辐射大牯牛、小牯牛山，野牛草山、黑马山区域，包含乌蒙巅峰极限运动公园、大自然探索主题公园、野牛草山自然活力公园、黑马山城南户外运动公园、乌蒙人文新社区四个主题公园和一个社区，被定位为滇中极限运动集聚区、昆明市近郊户外运动首选地、面向全国的高端乡土人文旅居新标杆（见图19）。

图19 乌蒙巅峰运动探索主题片区项目落位图

（2）滇中第一峰雪山探险主题片区核心项目。规划远期于雪岭片区布局冰雪探险主题公园，预留舍块搬迁留下的乡村、学校等建设区域，打造远期野奢秘境度假村（见图20）。

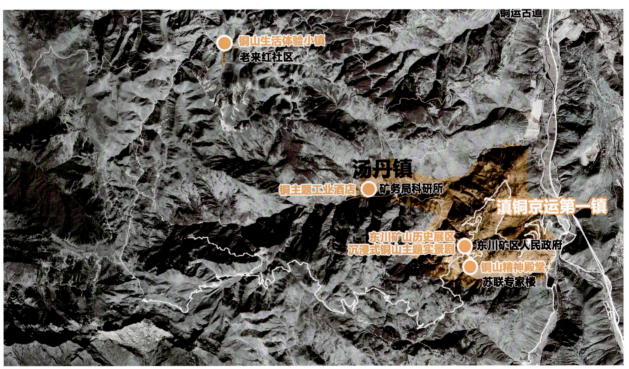

图20 滇中第一峰雪山探险主题片区项目落位图

（3）冰雪探险主题公园。冰雪探险主题公园以雪岭山脉、轿子雪山东坡为核心区域，在雪山、草海、高山湖泊和奇石群的大自然鬼斧神工之中，布局雪山徒步、雪山星空帐篷营地、冰雪亲子运动训练营等业态，在"北冰南移"的冬奥触媒效应下，突破云南四季如春的传统旅游印象，创造冰雪旅游新动能。滥泥坪选矿厂规划冰雪时光小镇，复原 20 世纪 50 年代矿山生活场景，让时光和记忆在这里凝固，为冰雪主题公园提供补给、集散、住宿、餐饮、医疗等完善的配套功能。

（4）舍块野奢秘境度假村。在通用航空的支持下，引入法国高雪维尔 K2雪山酒店的理念与模式，提供游客出发地开始的管家式服务，增加直升机观光、热气球旅行、雪山高原牧场徒步等高附加值活动，让舍块搬迁留下的土地成为东川未来高端度假的价值高地。

2. 川之热力产品规划

（1）金江水上主题游核心项目。

①金江水上观光游线。选用纯电动豪华游轮，从普金渡口到东川港，欣赏金沙江两岸壮美风景，体验游轮情景娱乐，充分利用游轮自带的娱乐优势，表演、娱乐活动、购物等，满足客人的需求。增加游轮停靠航线的丰富性和下船观光活动的多样性，沿途普金渡口、龙潭湾码头、奚家坪码头、树桔码头分别以山石主题、铜山精神主题、乡土人文主题、红色文化主题展现东川缩影。

②格勒欢乐山水小镇。依托小江流域干热河谷气候与格勒湖巨大的水面优势，结合项目基地内部地形特征，聚焦水上游乐、水上运动、商业体验、酒店住宿等功能，打造面向昆明、辐射西南的欢乐山水小镇。

（2）小江水上运动核心项目。

小江水上运动公园。完善的硬件设施的基础之上，搭配专业性、挑战性、趣味性的水上运动，以"水上运动"的魅力及小江优势资源为依托，旨在提升小江水上运动综合旅游产品的吸引力、竞争力，助力小江发展成昆明的水上体育旅游品牌目的地，同时撬动周边经济和产业升级，未来致力于将其打造成运动休闲度假王国以及规模化的立体运动游乐中心（见图 21 ）。

（3）东川泥石流主题核心项目。

①泥石流越野运动基地。线路规划三条路线，体验线、刺激短线、刺激长线，为专业车手、越野爱好者提供全年的训练和体验；同时引入第三运营方，与参赛车手合作，提供泥石流越野的领航体验，由专业车手带游客切身体验泥石流越野赛的激情，让观众有更多的体验感，也扩大了赛事的影响力，提升赛事的收益点；越野车产品延伸 ATV 沙地全地形车越野体验，打造全国首个泥石流上的 ATV 基地，必将带来滇中区域甚至西南区域全地形越野爱好者的聚焦；以越野车改装为主，引入全国车辆改装工厂及工作室，于泥石流场地赛项目地周边建设云南省最大的改装车基地。

②泥石流天然博物馆。打造全国首个世界级的实景泥石流天然博物馆，运用元宇宙科技赋能，让游客切身感受泥石流冲击带来的壮阔，同时通过科技虚拟场景展现东川多年泥石流治理的艰难和精神，结合泥石天然流博物馆建设地质研学大自然学校，结合夏令营、冬令营、研学独立营等亲子研学活动，以

"项目式教学法"贯彻始终，让学生们在真实的经历和体验中习得新知识，获取新技能，从而培养学生的创意思维、创新能力及自主学习和批判思维的能力（见图 22）。

图21　金江水上观光游线和小江水上运动项目落位图

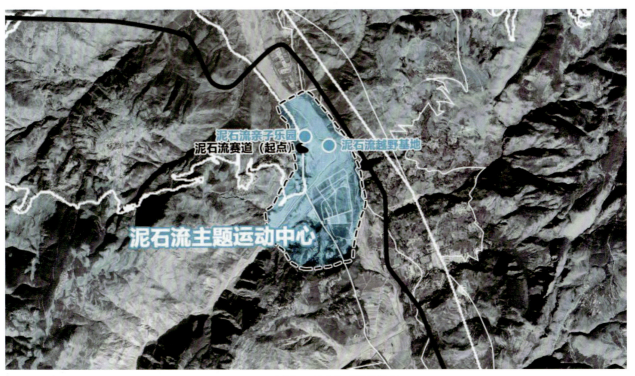

图22　东川泥石流主题项目落位图

（4）小清河农旅休闲度假综合体核心项目。

①洒海农旅休闲基地。结合现在运营的小清河烧烤项目及建设完成的洒海花海项目，拓展产品线，丰富产品业态，以更加年轻化、更具活力的产品，打造一处"东川最好吃的烧烤目的地"，结合篝火、集装箱 BBQ 等新产品，延长游客驻留时间，提升复游率和经济收益。

②金滩温泉度假村。定位面向东川区、昆明市的大众温泉休闲、夏日乡野玩水，升级现状汤池，补充游客中心、乌龙乡土特色餐厅、清真特色烧烤、应急服务中心等配套设施，扩建小型泳池增加亲子玩水项目，联动坝塘村果林经济拓展乡野帐篷露营、儿童骑行道、亲子采摘园，打造"坝塘摘大树杨梅、金滩玩水泡温泉"的组合产品（见图 23）。

图23 小清河农旅休闲度假综合体项目落位图

3. 铜之魅力产品规划

（1）天南铜都文化主题核心项目。

天南铜都文旅走廊。规划以古铜路、市府街为轴线，打造 T 字形"天南铜都旅游综合服务集散体系"，包含东川站游客集散中心、区政府搬迁后改造的城市展厅和图书馆、铜文化博物馆、美术馆、文化馆、科技馆、演艺中心组成的"五馆一中心"城市文化群，由东川会堂等历史建筑与旅游商店、农特展销中心、旅游特色餐厅、铜主题酒店等打造市府街天南铜都文化街区。

以此为起点由南向北，经玉碑地遗址、滇铜京运安顺桥、汤丹 10 号矿洞、赵氏宗祠、汤丹镇区至规划拟建的矿王山大井架精神堡垒，打造天南铜都文旅走廊，布局玉碑地古铜文化研学课堂、安顺桥虚拟现实重走滇铜京运之旅、10 号矿洞隧道沉浸之旅、赵氏宗祠铜文化历史展厅、大井架铜山精神文化集群，将"旅游＋教育＋工业"形成产业融合，更深层次地认识和触摸天南铜都的灿烂辉煌（见图24）。

图24 天南铜都文旅走廊项目落位图

（2）滇铜京运第一镇核心项目。以滇铜京运第一镇为主题打造汤丹镇区，对汤丹镇原矿务局生活楼进行内部改造，注入矿山历史展区、沉浸式铜山主题实景剧等旅游体验产品，苏联专家楼规划更名铜山精神殿堂，运用陈列、全息投影等更加直击人心的方式展现东川先烈的英雄事迹，补足铜主题餐厅、工业主题酒店、游客集散中心、汤丹夜市等配套产品，唤醒汤丹镇区的全新生命力（见图25）。

4. 大地之美产品规划

（1）红土地大地美学核心项目。规划以"重塑红土地名片，打造七彩云南的红"为目标，分三步来焕发红土地的新生。第一步，严控红土地耕种，建立种植景观补偿机制，借鉴西双版纳旅游补助种植玉米地来留住野象、留住西双版纳吉祥物的模式，以旅游开发回补合规种植，激发农民耕作红土地的积极性，让红土地的色彩重现。第二步，扩大规模，规划增加1平方千米种植区连通落霞沟、锦绣园、七彩坡等独立景区，提升震撼力和视觉冲击力。第三步，深挖摄影，注入文化、音乐、艺术业态，带来大地景观和人文艺术的共鸣，为红土地注入新鲜血液（见图26）。

（2）落霞沟田园综合体。深挖摄影主题，利用景观台进行功能性改造，近期选取闲置建筑部分面向摄影家免费开放，定期举办个人摄影展，吸引更多的摄影爱好群体聚集于此，远期以低租金、低税收吸引摄影工作室入驻，观景台悬挑部分改造为景观餐厅、咖啡厅、图书馆、酒吧等功能，让落霞沟从摄影的背景成为东川摄影产业的集聚区。

图25　滇铜京运第一镇项目落位图

图26　红土地大地美学项目落位图

　　（3）锦绣园大地美学综合体。锦绣园以自然运动＋大地美学为主题，增加集装箱餐厅、应急服务中心等，完善 luge 滑车产品体系，策划大地美学图书馆，以纯白或透明建筑嵌入多彩变化的大地景观中，打造锦绣园年轻网红打卡点，以发光石材、田野低碳照明系统提升步行道、田间便道景观照明，同时将艺术民宿、生态餐厅等功能注入未启用的商业街区，从传统的摄影业态衍生为"摄影＋大地美学＋滑车运动＋生态美食＋艺术民居＋观星夜游"的立体产品链，营造"日出斑斓锦绣园、日落星空幻光锦绣园"，通过低投资、重运营的模式解决当前锦绣园大客流、小收益的问题。

（4）乐谱凹大地音乐厅。以乐谱凹为载体，打造红土大地音乐厅，举办东川音乐节，让东川区本土音乐、云南少数民族音乐、国际交响乐在大地舞台上交融绽放，通过音乐节、音乐会等活动，快速聚人气、拉动周边村庄的旅游服务经济。

（5）七彩坡音乐星空营地。通过星空帐篷、艺术露天影院、户外音乐酒吧、观星科普营等产品，在田野自然和新鲜空气的包裹中，享受欢乐、开心和浪漫。

（6）花沟村联合民宿。引入专业乡土高端民宿运营方式，选取花沟村10栋民宿进行改造提升，为红土地民宿产品打造示范样板，同时与村民、农户进行合作，培训其旅游服务意识，提升红土地整体旅游服务层级。

五、全域旅游线路规划

针对东川区现有的资源，整合规划旅游产品，主要形成以山之活力、川之欢乐、铜之魅力、大地之美为主题的游线。

（一）山之活力主题游线

1. 雪山探险运动线

东川站一级集散中心—汤丹镇区二级集散中心—222高山牧场亲子度假村—冰雪探险主题公园—舍块野奢度假村

2. 牦牛山草山活力线

东川站一级集散中心—野牛草山自然活力片区—大自然探索主题片区—乌蒙人文新社区—乌蒙巅峰极限运动片区川之欢乐主题游线

（二）川之欢乐主题游线

1. 泥石流主题游线

阿旺镇区二级集散中心—泥石流主题运动中心—铜都街道—泥石流地质研学中心

2. 金江水上游线

小江水上运动主题乐园—欢乐山水小镇—东川港一级集散中心—乡土人文主题码头—红色文化田园小镇—因民码头三级集散中心—铜山精神主题码头—奇石主题码头

3. 小清河主题游线

东川站一级集散中心—金滩温泉度假村—洒海农旅休闲体验基地

4. 沿江主题自驾线

东川港一级集散中心—奚家坪码头—树桔码头—龙潭湾码头

5. 立体气候主题自驾线

东川港一级集散中心—拖布卡三级集散中心—汤丹镇—因民镇—舍块乡

（三）铜之魅力主题游线

铜文化游线

东川站一级集散中心—玉碑地古铜文化研学课堂—安顺桥虚拟现实重走滇铜京运之旅—汤丹镇区二级集散中心—10 号矿洞隧道沉浸之旅—赵氏宗祠铜文化历史展厅—大井架铜山精神文化集群

（四）大地之美主题游线

艺术文化线

东川站一级集散中心—落霞沟—老龙树—乐谱凹—锦绣园—打马坎—红土地镇区二级集散中心—老九龙原始森林

六、全域旅游要素保障及产业融合规划

（一）旅游餐饮系统

在充分了解东川区的旅游业发展条件与背景的基础上，规划提升全产业链品质，全面升级东川区旅游餐饮要素的吸引力。首先，合理布局美食节点，集中形成特色餐饮空间，构建东川美食地标，在人流集散区为游客提供多样特色小吃或快餐。合理制定食品安全、食品卫生、饮食环境、餐饮管理等规范标准辅助餐饮系统发展。其次，以标志产品为龙头，挖掘、整合、改良、包装东川区小吃、特色蔬果、名菜名宴等，培育东川特色餐饮品牌。制定传统小吃、饮食加工、名菜名宴的评定标准，形成菜肴、小吃、绿色食品三大餐饮美食系列。为了提升旅游餐饮系统品质，成立餐饮行业协会，引导创新研发东川特色食材、主题创意菜；开设特色水果种植、小吃制作、名菜名宴制作技术培训班、学习班，重点加强乡村旅游餐饮经营培训。与此同时，紧追网络热点，探寻特色美食，策划东川区美食旅游专题线路，开发特色美食旅游产品，策划东川温泉美食节等美食节庆，利用微博、微信平台影响力组织美食主题活动，大力推进旅游餐饮业持续健康发展。

（二）旅游住宿系统

据调研统计，东川区酒店、民宿、客栈总计 196 家，其中一星级至五星级评级酒店为 0 家，星级民宿为 0 家，主要以精品客栈、农家民宿为主，总客房数共 4161 间，总床位数共 7205 个，按规划近中远期旅游人次规划，近期游客住宿房间数尚有 70 万间的缺口，同时住宿品质尚需大幅提升和改善。

现阶段，东川区还缺少 3687 张床位数，近期（2025 年）缺少床位数 10519 个，客房数 5844 间；中期（2030 年）缺少床位数 26909 个，客房数 14949 间；远期（2035 年）缺少床位数 53887 个，客房数 29937 间。

同时根据东川区旅游产品的特性，不建议布局大规模的传统星级酒店，建议选用与旅游产品主题协调的特色酒店、民宿、帐篷营地、创新住宿产品等，于东川城区布局 1 处五星级酒店以及多处高品质精品酒店，以满足城市商务活动需求。

（三）旅游交通系统

1. 旅游公路交通

规划充分利用东川区现有道路网络，结合东川区"十四五"综合交通发展规划，建立"一纵、两横、两环"的旅游道路网络，并建立多方式、易换乘特色交通体系，确保景点的可达、易达和交通方式的选择（见图 27）。

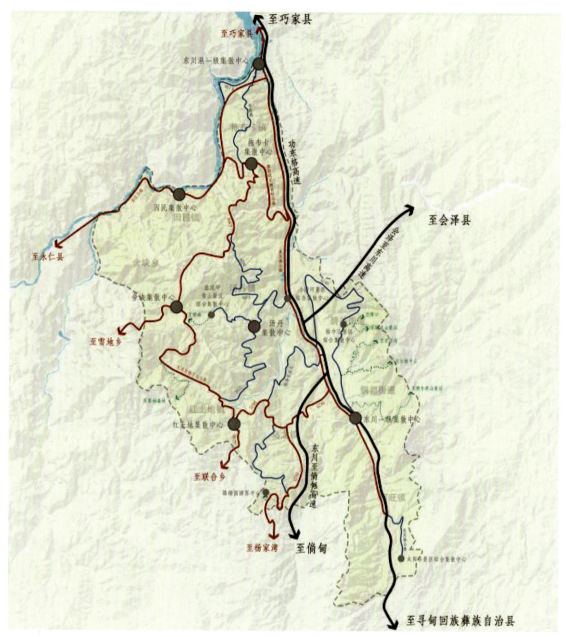

图27 旅游道路系统规划

现规划旅游高速 3 条，其中东格高速公路已建成通车，会泽至东川高速公路、东川至倘甸高速公路暂未建成。

旅游干线共 6 条，龙东格公路、沿江公路、新田坝至树吉村公路、XA63、东川至轿子雪山公路、G248。已建干线有龙东格公路、G248、沿江公路、XA63、东川至轿子雪山公路，未建干线有新田坝至树吉村公路，近期旅游规划干线是 XA63 东段、沿江公路、龙东格公路、G248、新田坝至树吉村公路。

旅游支线共 9 条，布格线、X036、S101、XA72、机场连接线、新田公路、兰马线、梅子公路、龙公格公路。已建支线有布格线、X036、S101、XA72、兰马线、机场连接线、龙公格公路，未建支线梅子公路，道路需打通连接兰马线。

自驾线路共 4 条，金江美景沿江公路自驾线、奇险山路 48 道拐弯自驾线、碎石山路红土地至阿旺自驾线、立体山路汤因自驾线。

规划旅游公交线途经沿江公路、龙东格公路、XA63 等旅游干线，集散中心分布在各乡镇街道，主要为东川港一级集散中心、东川站一级集散中心、汤丹镇区二级集散中心、红土地镇区二级集散中心、阿旺镇区二级集散中心、因民码头三级集散中心、拖布卡镇区三级集散中心。

2. 旅游航运交通

金沙江航运港口码头构建东川区水上交通北门户，白鹤滩电站的建设为东川带来了金沙江航运通道的契机，一方面提供了接入长江流域的航线线路，为东川旅游客运带来了新的契机；另一方面以东川港为起点、龙潭湾码头为区域节点，并向西延伸能够打造金江特色水上旅游观光，游轮、游艇、快艇等水上航运旅游项目具备了落地条件，也为多山无海的云南补上了游船旅游的项目缺口。东川港、奚家坪码头、树桔码头、龙潭湾码头多个码头为所处的乡镇、村庄的旅游发展带来了契机，也让公路交通不便利的因民、拖布卡北部区域具备了旅游发展的便利交通支撑，在码头的建设中融入东川旅游的主题，将码头作为东川旅游的北门户窗口，展现东川多元主题的旅游特质。通过水上航运与主题码头的打造，让金江水上游成为东川旅游的北部门户。

（四）旅游购物系统

培育本地企业独立开发、引智引资合作开发、外包开发等多种开发形式，定期举办旅游商品设计大赛，推出一批"贴近市场、方便携带、物美价廉"的旅游商品，打造东川区特色旅游商品，开发多种具有东川区文化特色的旅游商品、多种地方土特产品。

成立旅游商品认定委员会，培育东川官方认证旅游商品品牌，负责旅游商品的评价、认定和管理工作，除予以资金支持外，给予官方旅游购物点、官方网店、旅游展会的"上架权"；定期开展面向旅游商品商店的专项检查整治行动，规范旅游购物市场；对于出现质量问题、服务问题的，暂停或撤销其旅游商品认定及扶持。提高旅游购物点服务品质，结合购物 e 时代，实现东川全域智慧购物；以文化体验性、价格合理性、管理规范性、环境舒适性、商品吸引力等为标准，每年评比十大旅游商品名店，并积极推出优秀商品、旅游商品大赛；引导特色产品制造企业加强品牌意识，加强品牌影响力。

（五）全域旅游公共服务体系规划

1. 旅游集散中心建设工程

规划充分利用东川区现有道路网络、水系，结合地形及旅游产品布局，通过三级联动·内外衔接的全覆盖旅游集散体系，打造全时东川新游乐。通过两个一级集散中心，形成东川南、北两个门户，兼具集散和展示双重功能。通过三个二级集散中心的建立，承接一级集散中心疏导客流的同时，具备承载目的地型专项客群的能力。通过一、二、三级集散中心形成东川游客集散网络，形成全覆盖、多层级、服务展示融合一体化的服务体系，为外来游客提供清晰的集散和导向功能（见图 28）。

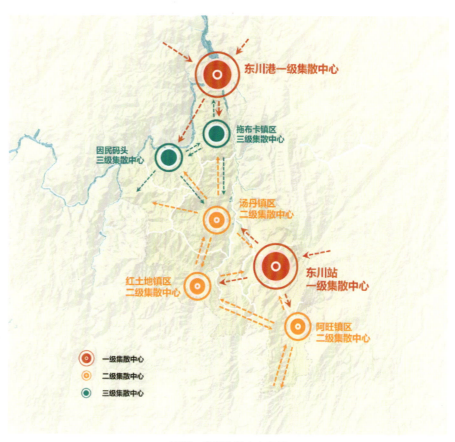

图28　旅游集散中心布局

2. 智慧旅游公共服务平台建设工程

智慧旅游有助于提升城市综合管理和服务水平，推进旅游工作提质增效，从旅游大数据中心、互联网平台、智慧景区等方面对智慧旅游服务进行规划。

七、规划实施成效

规划成果获得东川区政府、多专业专家的高度认可，目前规划已通过东川区政府发文于各行政职能部门及乡镇、街道，要求自2023年起的文旅类项目需按照本规划要求实施，同时规划中的大牯牛山项目、格勒港项目、红土地A级旅游景区建设都已启动，建设内容与本规划一致，同时根据本规划制定的活动方案，建立了东川大集、东川大洋芋等农文旅融合的区域品牌，并获得了昆明市和云南省相关部门的表扬与认可，在一定程度上通过规划的实施，在2023年推动了东川区文旅品牌的建设和城市产业转型相关工作。

会泽县旅游产业发展专项规划[1]

会泽县地处滇、川、黔三省交界，连续三千余年的冶铜业带动了铜商文化和会馆文化的繁荣兴盛，加之乌蒙山特殊的地理地貌，造就了会泽县人文历史厚重、文化特色鲜明、自然生态优美的特色旅游资源。会泽县旅游产业发展专题研究是《会泽县国土空间规划（2021—2035年）》的专题研究之一，通过梳理会泽县旅游资源分布现状、特征及问题，为会泽县国土空间规划旅游产业发展专项规划编制提供重要基础理论和基础数据；协调好旅游产业用地的需求与供给之间的矛盾；为会泽县县级国土空间规划提供有效支撑。

一、规划背景

会泽县地处云南、贵州和四川三省交界，是连通滇东北各县市的交通枢纽和通往贵州、四川两省的重要交通辐射中心。会泽县旅游资源丰富，拥有国家历史文化名城、中国历史文化名村、云南省历史文化名镇等旅游名片。会泽县紧紧围绕建设"全国知名旅游胜地"战略目标，依托旅游资源优势，着力打造"钱王之乡、会馆之城、休闲之都"等形象 IP，以文化引领旅游，加大对风光独特、资源丰富的自然景观的开发力度，不断增强旅游的吸引力和竞争力。随着文旅深度融合，加之"国土空间规划"工作的全面开展，旅游发展对旅游产业提出了新的挑战和要求。旅游产业规划应提前与国土空间规划进行紧密对接，遵从多规合一的全新规则，融入国土空间规划全新体系。研究根据会泽县旅游产业及土地利用现状特点，开展会泽县国土空间规划旅游产业发展专题的研究工作，为会泽县县级国土空间规划提供有效支撑，协调好旅游产业用地的需求与供给之间的矛盾，推进旅游规划项目落地实施。

二、规划思路

以当前云南省国土空间规划文旅发展布局的空间结构出发，紧贴省域发展的最近动态，层级传导联动，以建设"全国知名旅游胜地"为目标，最终明确会泽旅游发展思路为：滇东北旅游核心城市、云贵川渝四省市交界地、金沙江生态旅游带上重要节点。通过金沙江生态旅游带连接昆明市、丽江市，联动大滇西世界级旅游环线，融入省级重点旅游发展战略线路，成为四川省、贵州省、重庆市等旅游客源入滇的重要旅游体验地。

研究通过梳理全县旅游资源分布现状、特征及问题，评估旅游资源开发价值和潜力，研判旅游业发展特征、问题和趋势，提出全县旅游发展目标、定位及空间布局，对重点旅游区进行旅游设施规划，最终提出打造全域旅游的空间引导政策和措施（见图 29）。

[1] 编制单位：云南同元空间规划设计（集团）有限责任公司
文稿执笔人：唐丽毅、赵永霖、杨晓霞

图29 规划技术路线图

三、规划内容

（一）梳理全县旅游资源分布现状、特征及问题

会泽县历史文化资源及生态旅游资源十分丰富、独具特色，排他性的铜商文化、古城以及以礼河、黑颈鹤自然保护区、大海草山等旅游资源相对具有比较强的竞争力。会泽县旅游资源点共有 202 处，分为两大类、8 个主类，数量巨大、类型繁多（见图30）。结合会泽县旅游资源在地域空间上聚集、组合的状况，从旅游业发展的角度，将其旅游资源划分为五个旅游区，即会泽古城旅游区、大海草山旅游区、娜姑旅游区、者海旅游区、大桥旅游区。

会泽县旅游资源的空间分布特征：古城周边旅游区旅游资源密集，其余区域旅游资源皆呈现有序分布的格局；各旅游区主体资源特色鲜明、互为补充；旅游资源空间组合状况良好，自然—自然、人文—人文、自然—人文的类型复合表现俱佳。会泽县旅游基础市场为川滇黔市场及外地入滇客源；重庆、广西、广东、长三角、京津唐地区为拓展市场，而国内其他地区和国外地区则属于会泽县旅游的机会市场。

旅游开发存在的问题：文旅融合不足，旅游产业要素发展有待提升；文化和旅游公共服务配套设施不完善，自驾车服务体系不健全；文化旅游宣传推介力度不够，招商引资难度大；体制机制亟待激活，投融资平台需建立。

通过分析，截至 2020 年，会泽县旅游产业用地 12.25 平方千米，其中旅游产业项目已建设用地面积为 0.21 平方千米。会泽县旅游产业用地呈现增长迅速、总体分散、区域集中、土地利用类型与结构趋于复合性等特点。

（二）评估旅游资源开发价值和潜力

会泽县地处乌蒙山腹地，自然景观奇特，生物物种丰富，民族文化具有地域独特性，自然与人文旅游资源品质均高，开发价值较大，且会泽县是滇东北旅游圈的重要组成部分，开发潜力大，发展前景广阔。全县有 202 个资源单

旅游资源分布图

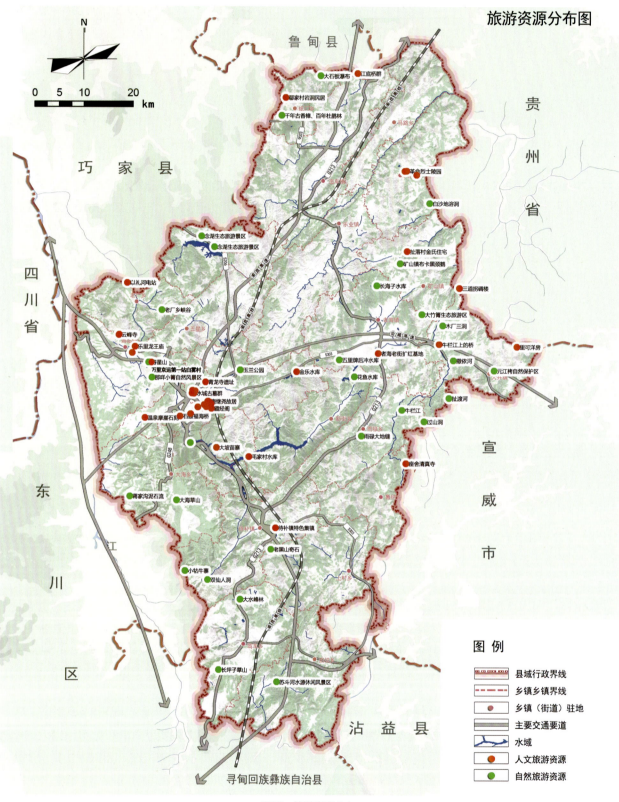

图30 旅游资源分布

体，且同类资源单体相对较为集中，人文资源主要聚集在古城以及周边地区，自然旅游资源零散分布于中部地区；人文景观与自然景观相映成趣，旅游资源规模可观。

经定量评价分析，会泽县主要的旅游资源点中，五级资源有 1 处，四级资源有 11 处，三级资源有 31 处，普通级旅游资源（二级、一级）有 159 处。其中，特品级旅游资源占主要旅游资源总量的 21.3%；普通级旅游资源占主要旅游资源总量的 78.7%。

（三）研判旅游业发展现状及未来趋势

通过 SWOT 模式分析，从会泽县旅游资源及开发建设看，优势与劣势并存，机遇与挑战同在，总体来说，优势大于劣势，机遇大于挑战。会泽县旅游资源特色突出、自然生态环境优良、交通区位便捷通畅以及客源市场前景广阔等优势明显。具有以古城片区为核心载体，整合河流、湖泊、田园、草山、地缝、黑颈鹤等独具会泽特色的生态元素，进一步打造成西南地区一流、国内知名、体现国际标准、集滇东北旅游综合服务集散地、乌蒙山区生态旅游首选地、高原特色休闲运动体验地"一城三地"于一体的高原生态型文化体验全域旅游目的地的良好基础和条件。

依托会泽县旅游资源优势、旅游行业现状、交通区位优势、地形地貌等因素分析，会泽县旅游正趋向于全域旅游发展，其中发展趋势又主要趋向于文化旅游、生态旅游及康养旅游三大板块。

（四）提出全县旅游发展目标、定位及空间布局

1. 旅游发展目标

（1）近期（2020—2025 年）历史文化旅游区和健康生活目的地引爆期。会泽县围绕"文旅兴县"战略目标，紧紧抓住国家、省、市相关政策实施和渝昆高铁建设的大好机遇，按照"立足西南、面向全国、走向世界"的旅游发展定位，树立全域旅游理念，主动融入滇、渝、川、黔"高铁旅游"圈，凸显会泽铜商文化、会馆文化、红色文化和生态旅游优势，做活文化旅游和做强城市经济两篇文章，切实把旅游产业发展与城市规划、建设、经营结合起来，打造全国知名的历史文化旅游区和健康生活目的地。

（2）远期（2026—2035 年）历史文化旅游区和健康生活目的地提升期。加快打造大海草山、雨禄大地缝、大桥念湖等重要旅游景区，以生态建设引导城市突围，完善配套精品项目，培育健康养生旅游产品，将会泽县建设成为国际知名的康体养身旅游目的地。

2. 旅游发展定位

（1）总体定位。立足会泽丰富的历史文化和自然生态优势，打造"钱王之乡、会馆之城、休闲之都"三张旅游名片，把会泽建成全国知名的文化旅游胜地和健康生活目的地。

（2）形象定位。文化康养之地，山水福润会泽。

（3）文化定位。以"铜商文化、会馆文化、红色文化"为核心，将"文化产业化，产业文化化"，将会泽县打造成一个"云南省"位于滇东北的文化旅游窗口以及国际知名的文化康养旅游目的地。

3. 空间布局

对会泽县景区景点现状、自然资源、历史文化资源、地理气候、产业分布及现状、县域交通等相关因素进行分析，将会泽县的旅游发展空间概括为：一核两轴一环三区（见图31）。

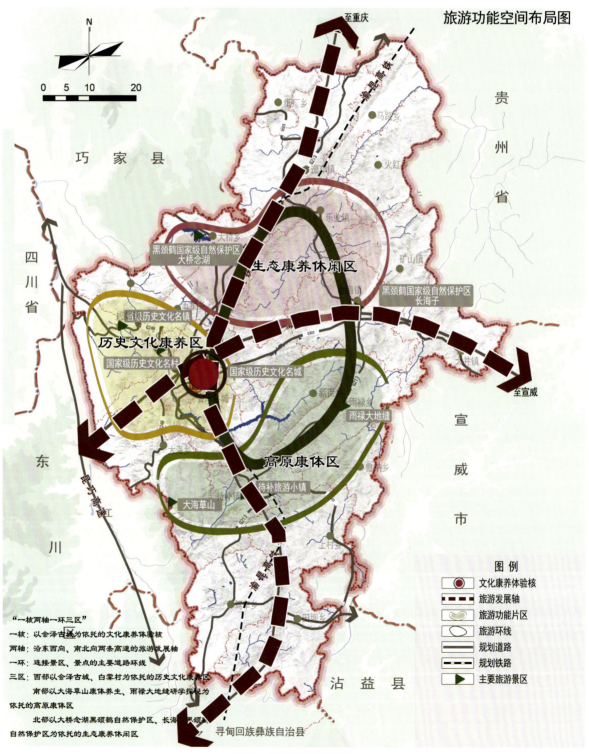

图31　旅游功能空间布局

（1）两心：以会泽古城为依托的文化体验中心及以蔓海为主的旅游集散中心。

（2）两轴：沿渝昆高速（高铁）、会威高速的旅游发展轴。

（3）一环：连接景区、景点的主要道路环线。

（4）三区：西部古城等历史文化展示区、南部大海草山等高原康体体验区、北部大桥念湖等生态休闲区。

（五）旅游产业用地分析与规模预测

通过对会泽县旅游产业项目用地规模的统计与梳理，得出规划期内旅游产业用地的需求面积。规划期内，确定了 19 个旅游产业重点项目，规划旅游产业用地总面积 182 万平方米，已建设项目用地面积 20 万平方米，新增旅游产业用地面积 162 万平方千米。其中占用农用地面积 103 万平方米，占用建设用地面积 71 万平方米，占用未利用地面积 9 万平方米。

结合会泽县实际情况，参照《会泽县"十四五"文化旅游产业发展研究》，12 个新增项目用地时序为 2020—2025 年；7 个项目用地时序为 2025—2035 年（见图 32）。

（六）全域旅游的空间引导政策和措施

通过对会泽县旅游资源现状、未来趋势分析，结合旅游发展目标、定位及空间布局，提出全域旅游空间引导政策：一是建立以全域旅游为引导的区域顶层规划，用全域旅游引导多规合一；二是建立各类旅游专项功能区，尤其是体现公共性的旅游专项功能区；三是推动旅游引导全域空间融合发展；四是促进各职能部门分管的专项空间建设与提升，实现与旅游业的共享共建。同时提出全域旅游空间引导措施：一是纳入土地利用总体规划、社会经济规划、国土空间规划进行用地统一规划；二是拓展用地空间的方式和类型；三是限制性和保护性空间要严格管控；四是明确土地使用和供给方式。

四、规划创新及亮点

（一）创新及亮点一：基于国土空间规划背景大数据实时分析、研判与支撑的专题研究

本案例为《会泽县国土空间规划（2021—2035 年）》的专题研究之一，通过全面收集土地利用、生态、林业、农业、城市规划、交通路网、环境状况等方面的数据，基于大数据技术，从多个维度、多个层面的角度对会泽县旅游资源进行实时分析。通过多数据综合叠加分析、多要素选择、多维度综合研判，实践新的旅游规划基础数据分析方式。梳理会泽县旅游资源分布现状、特征及问题，为会泽县国土空间规划旅游产业发展专项规划编制提供重要基础理论和基础数据；协调好旅游产业用地的需求与供给之间的矛盾；为会泽县县级国土空间规划提供有效支撑。

（二）创新及亮点二：基于支撑国土空间规划落地的可实施性战略研究

严格坚守三区三线的保护与发展底线，通过对旅游产业项目用地进行分析和预测，充分衔接会泽县国土空间总体规划，形成有力支撑国土空间规划落地的可实施性战略研究。

旅游项目时序图

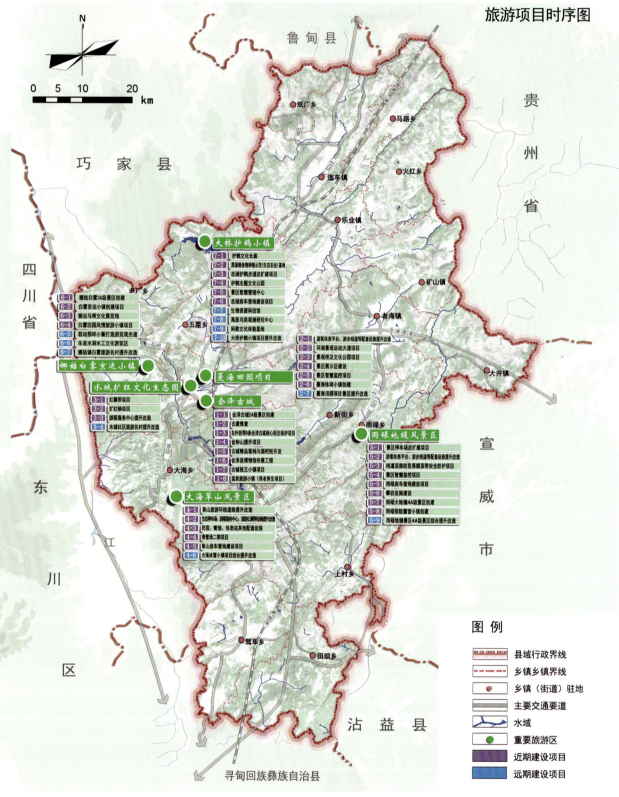

图32　旅游项目时序

（三）创新及亮点三：引导高品质生活，实现国土空间供给质量升级

以提供高品质的生活和旅游服务为目标，深化旅游供给侧结构性改革，推动旅游业从封闭的内循环向内外双循环的"旅游+"转变，不断提升旅游业现代化、集约品质化水平，完善旅游服务水平。

（四）创新及亮点四：基于生态及生物多样性保护任务为核心的旅游发展策略

国家级黑颈鹤自然保护区大桥念湖、雨碌大地缝、以礼河省级风景名胜区、金钟山省级森林公园等景区同时兼顾生态及生物多样性保护任务。规划严格执行黑颈鹤自然保护区保护规划，在充分尊重生态保护红线、河湖水系蓝线、尊重湖泊蓄水基地的基础上，构建人与自然和谐共处的生态家园，以生态建设引导城市突围，完善配套精品项目，培育健康养生旅游产品。

五、规划经验启示

会泽县地处滇东北的云、贵、川三省交界地带，有较好的旅游资源和交通区位优势，本案例对于研究云南乃至整个西南地区山多地少、旅游资源丰富、旅游产业发展有需求，而耕地与生态保护任务又较艰巨的情形下的国土空间规划用地协调与保障具有一定的普遍意义。

2022

云南文化和旅游规划设计
优秀成果集

总体规划类

云南渔洞名樱田园综合体总体规划（2021—2030 年）[1]

项目地距昭通城郊 18 千米，车程 20 分钟，海拔高差 400 米，纵横 43 平方千米，是滇东北立体、唯美、多元的城市后花园。这里是荟萃昭通生态文明典范——渔洞文化、昭通首个樱花品牌——樱花文化、昭通核心人文景观——烟柳文化、昭通苹果之城核心承载——苹果文化、四大名片奠定的城市人文之源；这里也是"秋城"宜居圣地，立足昭通 500 万常住人口，辐射川渝火炉城市千万都市客群一站式避暑度假的生态基地，这里还是集聚苹果种植、渔业蛋鸡养殖、中鲁果汁加工、苹果交易市场、冷链仓储物流等具备一、二、三产雏形的滇东北高原特色产业大本营，这里是昭通打造田园综合体标杆项目的天然理想之地。

一、规划背景

（一）顺应时代发展大趋势

紧扣乡村振兴、田园综合体的时代背景，把握"十四五"内外部交通利好机遇，正值昭通打造滇川黔渝省际中心城市之际，按照省委省政府"国际化、高端化、特色化、智能化"以及对昭通市的"脱贫致富示范区、生态保护修复排头兵、滇东北开发开放新高地"定位理念，贯彻落实 2021 年 1 月 27 日市政府主要领导渔洞名樱现场办公会精神，以"国家级田园综合体"为总体目标高起点、高标准勾勒未来发展蓝图，市委、市政府的高度重视和高要求成为本次规划的纲领与指引。

（二）助力十年创业结硕果

项目所在地因地制宜，充分发挥联合村特色优势，建起了名樱庄园，以种植樱花树为依托，从几千棵到几万棵，全面开发渔洞樱花片区及老君山风景片区，每年接待游客 60 余万人次，累计带动当地群众增收千万余元，把小小樱花树变成了群众脱贫致富的大产业。2016 年，地方成立专业合作社、前顺养殖合作社、杏花谷养殖专业合作社等，带领群众建种植、养殖基地，把联合村鲜美的果蔬和原生态的山羊、土鸡等推到餐桌上。5 万棵樱花，3 万株果林，三大合作种植养殖社，奠定了项目农业与旅游业的坚实基础，小小樱花树引发的扶贫效应也成为本次规划的起源与发端。

（三）剖析在地资源强优势

一座两小时可达滇川黔渝的宜居秋城，有区域中心门户之称的避暑名城；一项孕育六十万居民的滇字一号工程，有昭通千岛湖之称的渔洞水库；一条 17.8 千米的避暑文化长廊，有昭阳八景之一美誉的洒渔烟柳；一座点亮四季名樱的唯美浪漫山谷，有观云海日出览胜境的老君山谷；一处遍布秘境花园的多彩经济果林，有高原情景牧场加持的五彩果林；一片沃野万亩良田的苹果产

---

[1] 编制单位：北京绿维文旅科技发展有限公司
文稿执笔人：范珍珍、王志联、朱雷裕

业基地，有苹果之乡文化积淀的产业重镇；一宿鱼跃虫鸣鸟叫的乡村田野人家，有原汁原味区域特色的旅游名村。重新挖掘七大优势资源的价值（见图33），依托优势资源打造旅游名片和特色产业，是本次规划的基本思路。

图33　场地资源航拍实景

（四）精准聚焦区域客群痛点

根植市场优势提纯区域规模存量（滇川黔渝）客群，重点聚焦川渝避暑康养、本地家庭研学及周边年轻群体三大目标客群（见图34），精准而明确的避暑康养诉求指明了本次规划的核心市场依托和产品方向。

图34　区域市场分析

二、规划思路

（一）聚焦更精准的定位

立足昭阳区川滇黔渝区域经济中心和综合交通枢纽带来的巨大市场流量，借势滇东北崛起、乡村振兴、健康生活目的地、半山酒店等政策发展机遇，依托"城郊区位、文化之源、产业基地、立体空间、稀缺生态"五大核心优势，重点抓住避暑度假市场、亲子家庭市场、年轻客群市场，打造集创意农业、循环农业、亲子游乐、幸福康养、生态度假、文化休闲等于一体的中国昭通·渔洞名樱"花果渔乡"田园综合体。

（二）打响更明确的品牌

名樱天下·渔洞人家。名樱天下，一处四季名景荟萃，名山胜水的美丽生态示范，名扬天下；渔洞人家，一舍渔乡田园汇集，云海观星的健康生活样板，宿集人家。

（三）落实更合理的空间

结合场地功能需求，落实"美丽经济"产业，规划将形成"一带、一环、三核、五区"的"串珠式"空间发展结构（见图35）。

图35　空间发展结构规划

1. 一带：美丽原乡产业发展带

依托 17.8 千米的洒渔烟柳长廊，通过一条城市地标性绿道以及昭通夜间经济高地打造，以一条极具城市典型特色的风景道、休闲道、健身道、文化道、产业道、夜游道，沿岸串联渔洞水库、名樱景区、田园渔乡、理想甜园苹果产业基地等多个功能节点，整体形成昭通市生态、人文及产业的样板示范。

2. 一环：特色山水田园体验环

串联老君山与洒渔河山上山下樱花山谷、情境牧场、秘境花园、云上慢村、联合农场、半山酒店，形成一条 20 千米特色山水田园体验环线。

3. 三核：美丽旅游发展核、美丽乡村展示核、美丽田园产业核

（1）美丽旅游发展核。依托现有国家 3A 级旅游景区，开发春季樱花节、夏季水游乐、秋季美食街、冬季旱雪场四季旅游新产品新业态，补足昭通市场短板，优化旅游服务设施，打造国家 4A 级旅游景区，形成渔洞名樱文旅体验核。

（2）美丽乡村展示核。依托联合村余家大冲，打造从脱贫攻坚贫困村到示范村华丽转变振兴历程的全面展示活态博物馆，彰显昭通美丽乡村建设新标杆。

（3）美丽田园产业核。依托洒渔镇万亩苹果产业基地以及西南地区最大的苹果交易市场，通过苹果研发培育、加工展示、商贸交易，搭建服务滇东北、辐射滇川黔的苹果农产品及加工制成品集散平台，形成美丽田园产业核。

4. 五区：渔洞名樱文旅体验区、半山美丽生活度假区、联合美丽农场实践区、洒渔美丽甜园示范区、现代美丽产业配套区

（1）渔洞名樱文旅体验区。未来昭通文旅新引擎和一期启动区，项目总用地 0.79 平方千米，是整个渔洞名樱田园综合体文旅游憩的精华板块。旅程由田园会客厅开启，购票、乘车、咨询、服务、购物、游乐、入住都可以在此一键办理。

（2）半山美丽生活度假区。打造昭通山水健康生活目的地。项目二期重点打造闪耀半山的七星酒店，入住全球性的节能建筑，享受国际化的健康管理一站式专业服务，观云海日出，揽一城风华；可以让行者放慢脚步，悉心感受乡村特质的云上慢村，以"慢"为生活常态，从饮食起居、日常劳作的"慢餐、慢居、慢行、慢游、慢活"中逐渐找回内心的平静与富足。

（3）联合美丽农场实践区，打造昭通都市健康厨房基地。项目二期重点通过生态智慧化养殖、现代化加工厂、特色体验与展示，打造"田野到餐桌"可视化全链溯源机制下的都市健康厨房基地。

（4）洒渔美丽甜园示范区。滇东北高原特色绿色食品及绿色农业产业基地。项目三期重点在可游览、可体验、可消费的万亩苹果产业基地，同时为新住民提供城市生活中体验不到的乡村小筑，为游客提供舒适、有风情的康养院子。

（5）现代美丽产业配套区。引领昭通苹果名城产业风尚的最佳名片。项目三期将不只有西南地区最大综合型苹果交易市场这一区域性商贸基石、苹果之源体验馆这一特色性文化展示平台，还有大数据创新生态赋能的苹果电商物流产业园这一持续性经济强心剂，最终实现苹果产业矩阵的全方位升级，构建宜商、宜居、宜业的苹果之乡理想生活。

三、规划亮点

（一）形成彰显区域名片、标杆产业和特色品牌的"美丽经济"开发模式

渔洞名樱田园综合体，围绕渔洞名樱的核心美丽资源载体与其文化内涵，形成六步"美丽经济"产业特色开发模式（见图36）。

1. 樱花为媒，点亮美丽风景

依托现有名樱景区，通过樱花节、樱花大道、樱花夜游以及樱花文创等创意创新产品点亮美丽风景。

2. 渔乡风情，开启美丽滋味

依托渔洞水库的独特资源，盘活职工宿舍等闲置资产，通过渔洞渔宴、渔夫市集、烟火渔市、渔乡民宿等项目开启美丽滋味。

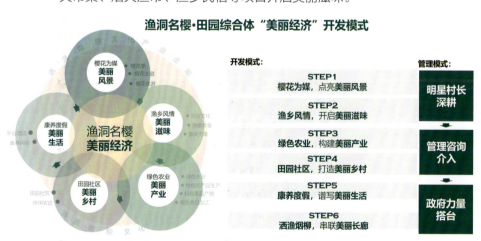

图36 "美丽经济"的开发模式与管理模式

3. 绿色农业，构建美丽产业

依托滇东北高原特色农业产业，引领"苹果之乡"品牌农业基础农业高端化发展，绿色食品供产销一体等重塑农业产业链，构建美丽产业。

4. 田园社区，打造美丽乡村

依托五个特色乡村资源，通过市民农庄、共享农庄等引导城市人口下乡消费，提升村庄风貌，完善村庄设施，改善村庄人居环境，打造美丽乡村。

5. 康养度假，谱写美丽生活

依托立体化生态体验空间，通过半山酒店、康养院子等极具健康服务特色的康养项目，谱写昭通都市不一样的美丽生活。

6. 洒渔烟柳，串联美丽长廊

依托洒渔烟柳昭阳八景之首的文化底蕴和景观特色，通过景观提升、环境美化、绿道建设等串联周边景区、乡村、产业基地、加工厂等美丽长廊。

（二）极具"自下而上"典型特色可推广的"美丽经济"管理模式

渔洞名樱田园综合体，是极具"自下而上"典型特色的管理模式，形成"村集体＋企业＋政府"三步走可推广的经验模式。

1. 明星村主任深耕

明星村主任艰苦创业八年，5万棵樱花，3万株果林，三大合作种植养殖社，年吸引游客80万人次，奠定项目农业与旅游业的坚实基础。

2. 管理咨询介入

通过专业的项目咨询管理公司介入，提供技术指导与专业运营团队。

3. 政府力量搭台

通过政府搭建招商引资平台，引入社会资本。

（三）探索三生融合创新示范引领下动态开发的"美丽经济"发展战略

渔洞名樱田园综合体将以"美丽经济"的开发模式为引领，在生态、生产、生活的三生融合前提下，寻求保护与开发的平衡发展，形成"美丽生态"创新示范战略、"美丽产业"融合升级战略、"美丽生活"模式引领战略、"美丽田园"动态开发战略四大发展战略。

1. "美丽生态"创新示范战略

渔洞名樱田园综合体部分区域处于生态保护范围，旅游活动以生态观光为主，开发受限。

（1）生态保护，打造城市绿廊。渔洞水库生态保护，洒渔河净化、岸线改造、景观绿化，创建滇字一号工程的生态文明绿色品牌。

（2）三级网络，打通绿色通廊。构建区域绿道、滨河绿道、田园绿道三级网络，打造长江上游最美生态廊道。

（3）节点公园，创造活动空间。引入国际化赛事、运动研学等休闲活力空间，以"绿道＋"实现洒渔河绿色质量先行示范区（见图37）。

2. "美丽产业"融合升级战略

渔洞名樱田园综合体规划区内有万亩苹果产业基地，三大种植养殖合作社以及加工厂等农业产业基础，但处于初级阶段，产业链延伸不足，产值不足。

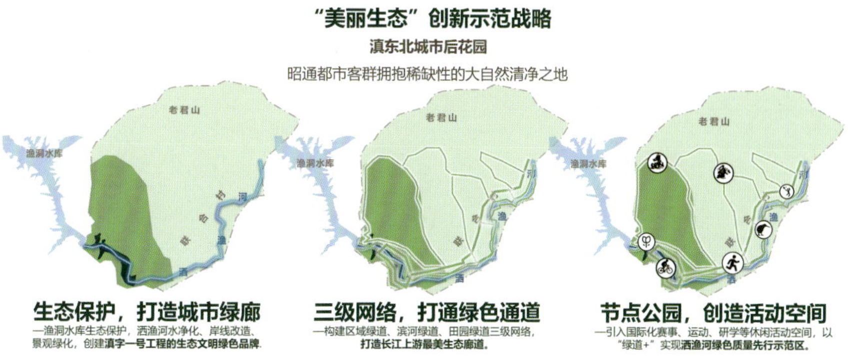

"美丽生态"创新示范战略
滇东北城市后花园
昭通都市客群拥抱稀缺性的大自然清净之地

生态保护，打造城市绿廊
—渔洞水库生态保护、洒渔河水净化、岸线改造、景观绿化，创建滇字一号工程的生态文明绿色品牌。

三级网络，打通绿色通道
—构建区域绿道、滨河绿道、田园绿道三级网络，打造长江上游最美生态廊道。

节点公园，创造活动空间
—引入国际化赛事、运动、研学等休闲活动空间，以"绿道+"实现洒渔河绿色质量先行示范区。

图37 "美丽生态"创新示范战略

（1）种植示范，打响"昭通苹果品牌"。基础农业科技化、现代化、高效化、专业化园区发展，以种植示范打响昭通苹果种植园区品牌。

（2）品质提升，创建"昭通苹果标准"。开展无公害农产品、绿色食品、有机农产品和农产品地理标志统称"三品一标"苹果质量认证，创建"昭通苹果标准"。

（3）科技融合，开启"昭通苹果风尚"。高端研发"苹果+"，低糖健康、美颜美容、冻龄抗老等系列产品，开启"昭通苹果健康新风尚"（见图38）。

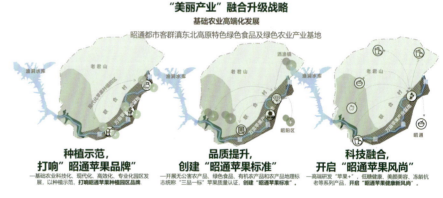

"美丽产业"融合升级战略
基础农业高端化发展
昭通都市客群滇东北高原特色绿色食品及绿色农业产业基地

种植示范，打响"昭通苹果品牌"
—基础农业科技化、现代化、高效化、专业化园区发展，以种植示范打响昭通苹果种植园区品牌。

品质提升，创建"昭通苹果标准"
—开展无公害农产品、绿色食品、有机农产品和农产品地理标志统称"三品一标"苹果质量认证，创建"昭通苹果标准"。

科技融合，开启"昭通苹果风尚"
—高端研发"苹果+"，低糖健康、美颜美容、冻龄抗老等系列产品，开启"昭通苹果健康新风尚"。

图38 "美丽产业"融合升级战略

3. "美丽生活"模式引领战略

（1）健康运动，自然疗愈。包括健身训练、户外运动、精品赛事，建成门类齐全、在全国具有较大影响力的自然健康运动中心。

（2）健康服务，全面保健。健康管家、膳食指导、健身教练、健康咨询、健康护理，打造全龄段全客群一站式健康生活服务体验基地。

（3）健康旅游，生态度假。酒店、社区、农场、景区、渔村、慢村，以"+旅游"打造山水田园健康生活目的地（见图39）。

4. "美丽田园"动态开发战略

（1）文旅撬动，多元业态特色化植入，撬动流量。渔洞名樱田园综合体依托其优势的近郊区位与文旅资源特色，通过国际化的运动赛事、主题化的特色景区、生态化的田园娱乐等撬动市场流量。

（2）健康驱动，健康服务智能化导入，驱动消费。渔洞名樱田园综合体以文旅景区为核心吸引,通过定制化的健康管家、专业化的健康咨询、智能化的健康服务等形成康养留客消费。

(3)产业带动,绿色农业高端化发展,带动乡村。渔洞名樱田园综合体以绿色农业产业为依托,通过标准化的产业园区、高端化的品质认证、健康化的食品研发等形成产业,带动乡村(见图40)。

图39 "美丽生活"模式引领战略

图40 "美丽田园"动态开发战略

(四)引领昭通田园新消费的"美丽经济"品牌项目

规划形成"农业 + 文旅 + 社区"三大板块 25 个田园综合体重点项目,11 个"美丽经济"品牌项目,具体落位及效果(见图 41 ~ 图 43)。

1. 一个文旅中心:田园会客厅——昭通最具代表性的田园文艺精神场所

以极具厂房文创艺术性的地标建筑,涵盖田园生活馆、田园咖啡馆、田园大讲堂、滑板乐园、滨水商街等业态,打造一个可游、可玩、可住、可赏的田园里的会客厅。在这里搭乘名樱号专属小火车,畅游在果林、烟柳、梧桐、樱花之中,享受无与伦比的色彩盛宴;也可以在田园大讲堂里观看一场文化艺展、田园剧演、沙龙秀场(见图 44 ~ 图 47)。

2. 三大文旅项目:田园渔乡——欧式田园风情民宿度假样板

您可以在乐居欧式乡村中,体验一场田园中的惠民市集,也可以享受城市生活中体验不到的乡村小筑(见图 48)。

图41　"农业+文旅+社区"三大板块25个田园综合体重点项目　　　图42　"美丽经济"品牌项目

图43　"美丽经济"品牌项目鸟瞰效果图　　　　　图44　田园会客厅鸟瞰效果图

图45　田园会客厅功能分析　　　　　图46　田园会客厅——游客服务中心入口效果图

图47　田园会客厅——"名樱号小火车"交通动线及效果图　　　图48　田园渔乡项目实景拍摄

61

（1）渔洞渔村——昭通唯一的渔洞康养渔村。这里有昭通最齐全、最具特色的百味渔街美食盛宴，也有背山面水舒适写意的洒渔烟柳下的烧烤，夜幕降临可以体验星光闪闪的渔火酒吧，可以入住怀旧沧桑而又浓烈质感的水乡渔宿（见图49～图52）。

（2）名樱景区——西南地区水陆空立体赏樱胜地。可以乘坐索道饱览漫山樱花（见图53），可以穿梭在惊险刺激的九曲滑道，也可以徜徉在星光璀璨的樱花大道，更可以体验樱花滋味、带走"樱花周边"。

（3）一大山谷露营地。重新定义昭通时尚露营新风尚。尊享绝佳的水库观景视野，欣赏精彩绝伦的大坝激光投影秀（见图54），享受精致野餐、帐篷集市、奢华露营，引领未来昭通露营生活。

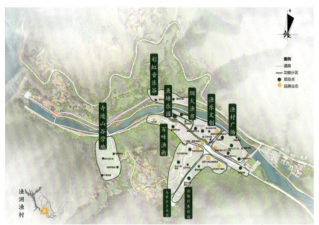

图49　渔洞渔村结构分析

图50　渔洞渔村平面规划

图51　百味渔街效果图

图52　烟火渔市"洒渔烟柳下的烧烤"效果图

图53　名樱索道效果图

图54　渔洞水库大坝投影效果图

（4）一条疯狂河谷：昭通首个大型户外水上的主力游乐与休闲区域。市区都市客群既可以在此乘坐水上花船纵享两岸烟柳樱花的唯美浪漫，也可以停歇下来尽情蹦床嬉水，还可以在荡漾的溪流之间穿越惊险激流，纵享夏日的清凉舒爽（见图55）。

四、实施成效

2021年7月20日，名樱"渔洞人家"，昭通渔洞水库生态鱼首家餐饮体验店在昭通市开业，同时作为景区在城市的品牌体验店，向市民宣传展示名樱景区风光与品牌文化（见图56～图58）；2023年3月，名樱花海景区盛大开园。2023年4月，昭通学院与云南昭通名樱旅游度假区签订人才培养校企合作协议。2023年5月，名樱庄园作为昭通市"万企兴万村"示范点，成了为景区周边乡镇提供人员就业的平台。渔洞名樱抖音排行榜，名樱庄园旅游景区、渔洞名樱旅游景区、渔洞名樱旅游度假区皆为昭通市四月景区人气榜第一，截至目前抖音浏览量约2229万。

图55　洒渔烟柳-水上花船意向图

图57　名樱景区新增文化夜游体验项目实景图

图56　名樱景区新增生态体验项目实景图

图58　名樱景区新增山谷越野摩托体验项目实景图

广南县八宝乡村振兴示范园（田园综合体）总体规划[1]

乡村振兴是国之大计，农业、农村、农民问题是关系国计民生的根本性问题。近年来，以田园综合体为抓手的农文旅融合示范项目成为国家探索实施乡村振兴的主要路径。广南八宝镇，依托八宝贡米、稻作文化、八宝河自然生境和喀斯特田园风光，成为广南县打造世界的世外桃源这一文旅目标的重要支撑。如何通过生态筑基，产业铸魂，以农文旅融合为基础，打造带动周边地区乡村振兴的示范性项目并落地见效，是本项目的重点和难点。

一、规划背景

田园综合体（乡村振兴示范园）是贯彻落实乡村振兴战略的首要抓手，其内涵是以农业农村为根、田园风光为韵、文化特色为魂，富民兴村为目的的新型地域经济平台载体。

2017 年，"田园综合体"一词被正式写入中央一号文件，同年 5 月，国家开展第一轮田园综合体试点。2021 年，在总结试点经验的基础上，为继续支持有条件的地区开展试点工作，财政部发布了《关于进一步做好国家级田园综合体建设试点工作的通知》，明确云南等 13 个省份为试点地区。

为响应国家要求，云南省于 2021 年提出，用 3 年时间竞争性创建 10 个"世界一流、国内唯一"的省级田园综合体，八宝镇是种子选手之一。

二、规划思路

八宝镇，隶属文山州广南县，地处滇、桂、黔三省交界处，因其拥有品质卓越的八宝贡米、千年传承的壮乡稻作文化、丰富多样的八宝河自然生境和如梦如幻的喀斯特田园风光等特色资源，成为广南县打造世界的世外桃源这一文旅目标的重要支撑。如何利用好现有资源禀赋条件，打造八宝"生态品牌""产业品牌"和"文化品牌"，实现生产生活生态"三生同步"、一、二、三产业"三产融合"、农业文化旅游"三位一体"，促进地区农业高质高效、乡村宜居宜业、农民富裕富足是本次规划的重点任务。

为此，规划确立了围绕"国家级八宝米田园综合示范区"为核心的"一个"创建目标；秉承生态、融合"两大"发展理念；以八宝米产业、八宝河风光、稻作文化为"三条"规划主线；通过四大实施路径来明确五大振兴的最美田园画卷的总体规划思路（见图 59）。

（一）"一个"创建目标

广南县是国家乡村振兴重点帮扶县，围绕建设世界的世外桃源、滇东南高原特色农产品交易中心、国家民族团结进步示范区、珠江上游生态保护样板区的功能定位，规划通过对标世界一流稻米品质，提出了打造"国家级八宝米田

[1] 编制单位：中国电建集团昆明勘测设计研究院有限公司
　　　文稿执笔人：熊帼、林子威

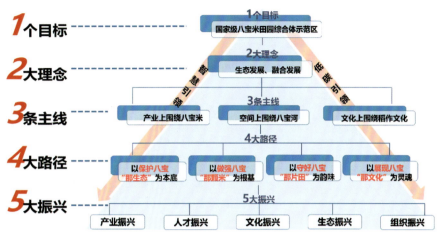

图59　规划思路分析

园综合体示范区"、建设世界一流田园综合体的规划目标。

（二）"两大"发展理念

规划坚持生态优先、融合发展两大理念，统筹生态、农业、旅游、文化和乡村空间。生态方面确定了共抓大保护、不搞大开发、不人为造景的基本原则；融合方面要体现"三生融合""三产融合"的协调共融。

（三）"三条"规划主线

业态上，围绕"八宝米"，建设从"田间"到"车间"的综合产业体系；空间上，以"八宝河"为纽带，联系片区分散的农文旅项目，打造国家 5A 级农业公园旅游景区；文化上，充分挖掘"那文化"和"壮族文化"，构建文化系统并赋能空间体验。

（四）"四大"实施路径

1. 保护八宝"那生态"

严守各类底线、红线，构建生态安全格局，坚持山、水、林、田、湖、草系统统一治理，以八宝河生态廊道为重点，以人水和谐为亮点。坚持柔性设计、软化建设，开展石漠化治理、村庄截污治污、面源污染防控、生物多样性保护等措施，保山护水筑牢八宝生态根基。

2. 做强八宝"那颗米"

以八宝米种源保护和研发为核心，以创新服务为引擎，以精深加工为支撑，以产业政策为保障，以"六统一"措施为抓手（统一品种、统一种植标准、统一管理标准、统一加工标准、统一产品销售、统一品牌打造），建设约 33 万平方米育种繁种基地，200 万平方米高端八宝米核心区，约 1333 万平方米精品八宝米示范带，2 亿平方米绿色八宝米推广区，打造以八宝米为主的文山百万亩高端"稻谷"。纵向按照有机食品、功能性大米、与其他农产品组合三条主线，将八宝米打造为"大健康产品"，横向开展"八宝米"为主题的田园休闲旅游，实现上下纵横联动发展，构建"八宝米融合型"产业体系。

3. 守好八宝"那片田"

落实最严的耕地保护措施，严守耕地红线，守护田园生态之美。打造景观节点，对八宝河游道、健康慢道、低碳干道进行串联，形成赏、享、品、观、行、看、食、住兼具的田园风光体验系列产品，彰显生态经济双重效益。

4. 传承八宝"那文化"

围绕悠久的稻种历史、传统的稻作技术、独特的稻作礼仪和丰富的稻食形式等文化内涵，通过展示空间、稻田彩绘等突出"一村一品"，打造一群主题村落；按照"一月一节"，展示稻作礼仪、民间歌舞等非物质文化遗产，打造一系列节庆活动；开发八宝米美食、民族手工艺等文创产品，打造一批特色伴手礼；围绕播种、插秧、收割、稻鱼等农耕体验，打造一连串稻文化体验空间。沿河村落风貌提升方面，在价值度判断基础上，规划通过政府引导、群众参与、分类施策、逐个突破的形式，结合稻作环节和自身特色，逐步改善建筑风貌，逐渐促进村庄文化回归。

三、项目主要内容

（一）梳理资源、明确特色

1. 产业资源方面

广南是云南省高原特色农业大县，广南县进入"粤港澳"的农产品交汇在八宝。为加快激活全县农产品价值，规划对全县农业产业资源底数进行摸排，对八宝米、高峰牛、蒜头果等农业产业进行特色挖掘，并结合延链补链需求，在八宝镇匹配相应的生产加工能力。

2. 景观资源方面

规划对片区景观资源开展系统梳理调查，通过景观资源评价遴选出特色村落、自然景观资源点，如河野村、牙英村、八宝河、三腊瀑布、吹风洞、皇家御田、长海枫林、珍珠滩等，作为后续重点打造对象（见图60）。

图60　三腊瀑布及皇家御田风光

3. 文化资源方面

规划对壮族的村落布局文化、建筑文化、稻作文化、节气文化等进行分析，梳理片区古桥、遗址、碑刻等历史文化遗迹，以及以《洛歌书》为代表的非物质文化遗产。通过系统地挖掘区域内特色村落、自然景观资源，总结出"奇峰、碧水、彩田、贡米、河鱼、歌书、银饰、古桥"八个宝加以保护传承。

（二）研判市场、差异发展

以市场为导向，规划对当前农业生产、农业加工、农业休闲产业的总体态势进行分析，并预估可形成的市场空间规模。农业产业方面重点分析了八宝米、蒜头果、高峰牛等特色产业所能形成的市场规模；文旅方面对游客规模、客源市场进行预估并控制环境容量，保障良好的游览体验。

在旅游市场竞合关系上，规划横向对广南、桂林喀斯特地貌特征和主打业态进行分析比对找准差异，纵向对八宝、坝美、普者黑旅游线路景点进行协调统筹发展，确立了片区以"农文旅融合"发展为主要定位的总体基调。

（三）三生融合、统筹布局

为确保项目落地，规划对片区生态保护红线、永久基本农田、城镇开发边界进行衔接落实，划定"三生空间"并明确管控要求，并以此为基础形成"一片、一带、两心、多点"的总体结构（见图61）。

图61 规划总体结构

1. 一片

即面积约 1333 万平方米的八宝稻田，是八宝米的核心产区和主要大地景观。主要发展智慧高效和立体循环农业，控制面源污染。尊重自然肌理，坚持原生态景观设计，呈现"天然大地调色盘"的美景。

2. 一带

即八宝河农耕文化带，是八宝的生命之源和生态保护核心。坚持流域系统治理，构筑多个主题段，实施生态清淤、净化隔离、慢行绿道、文化植入等工程。

3. 两心

即"八宝集镇公共服务中心"和"一二三产融合服务中心"。"八宝集镇公共服务中心"是集乡镇、旅游服务为一体的综合性服务中心；"一二三产融合服务中心"是园区化的产业中心，是项目的主要收益点。

4. 多点

即多个村庄和农文旅融合产业项目，主要为 13 个"稻文化"主题村庄和多类游憩项目。

（四）生态优先、系统保护

规划坚持"山水林田"的系统保护治理理念：山的保护以矿山修复和石漠化治理为主，开展长海、安乐、牙英等 7 处山体修复工程，修复面积 25 万平方米；水的保护通过"污染阻断 + 原位治理"实现清水入河，并打造鲤鱼泉、牙龙、江中、田房等 8 个主题生态湿地丰富沿河景观体验；林的保护以生态抚育、补植改培、植树造林为主，充分保护本土树种；田的保护优先严守基本农田，并通过源头减量、过程阻断、养分再利用和生态修复的"4R"技术实现面源污染控制和生境恢复。

作为省级自然保护区的重要空间载体，规划以八宝河为纽带打造兼具生态、景观、游憩功能的生态廊道。通过植物种植搭配，营造桃源秘境、竹海通幽、梨花漫谷、樱花浪漫、蓝海碧天、黄金玉带、枫林走廊、翠柳碧岸的主题河岸。

（五）产业协同、创新发展

一产方面，以科技创新为动力、以数字农业为抓手、以立体农业为示范、以循环农业绿色发展为引领，构建以八宝米为主体的农业产业体系，推广"水稻 +"，发展稻鱼、稻鸭、稻蛙等共生种养模式，同时按照"水稻 + 油菜"轮作提升冬季田园景观，多渠道增加农民收益。

二产方面，以八宝"生态牌"为保障，建设区域性高原特色农产品加工中心。布局创新研发、精深加工、交易中心、展销中心等功能，延伸八宝米、高峰牛、蒜头果等特色农产品的产业链条，促进全县乃至滇东南的绿色、有机农产品来此进行认证和精深加工，打造地区性绿色有机食品交易中心。

三产方面，按照国家 5A 级旅游景区标准进行服务配套，策划山水生态游、农事体验游、乡村休闲游、主题研学游、水上特色游的主题游线和低空、半山、游船、骑行、索道五维游览系统；对标"美丽县城"建设标准，重点塑造八宝集镇综合服务中心。

（六）传承文化、塑造风貌

规划强化对文化的保护利用，依托壮族文化和稻作文化，打造"稻之源、稻之梦、稻之道、稻之乐、稻之味、稻之情、稻之行"系列主题村落；传承跑马节、花街节、河灯节、新米节等传统节日，策划"一月一节"的节庆活动；与第二产业、庭院经济相结合，打造包括特色手工艺品、服饰、特色美食、文创产品等在内的文创伴手礼（见图 62）；开展宣传口号和 LOGO 征集，确定了以"稻梦八宝、心归故里"为主的宣传口号；融合"洛歌书"设计旅游标识体系，打造沉浸式旅游体验。

在村庄建筑风貌和田园景观风貌塑造方面，规划对各个村落的主题色彩、建筑样式提出管控引导，明确重要立面的建筑改造方案；同时，完善田间设施，对不同等级的田埂进行精细化设计，并结合视线分析布局稻塑景观小品，对坟地、电杆等进行就地改造，减少消极影响。

儿童胚芽米	八宝茶	八宝刺绣	贡米酒
八宝银饰	八宝煲仔饭	八宝蜂蜜	柑橘酵素
米精华面膜	八宝石斛酒	蒜头果神经酸	八宝油茶皂

图62　"八宝"系列伴手礼设计图

（七）强化保障、高效落地

规划完善交通系统、给水系统、消防工程、雨污工程、地灾防治、智慧化设施等市政公服硬件保障；协调建立由县委书记亲自挂帅、涵盖23个成员单位主要负责人的工作领导小组，组建涵盖综合协调、村庄整治、河道治理、电网改造、要素保障等具体工作的项目指挥部提供组织保障；从村规民约、文明乡风、农民收益、乡村人才、建设用地、智慧设施、利益连接等方面完善制度保障；从农业产业、生态文旅、科技科普、健康产业、金融政策等方面落实资金保障。

制订详细推进计划，一期（2022—2023年）以党建为引领，整体设计与分段建设协同推进，加强村庄综合整治，建设牙龙国家级乡村振兴示范村、10千米生态廊道、八宝米示范基地、游客服务中心、产学研基地等；二期（2024—2025年），开展美丽八宝集镇建设、八宝至三腊生态廊道建设、八宝米大健康产业开发、景区公共服务设施提升改造等工作。

四、规划创新及亮点

（一）从方法到实践，探索了云南省田园综合体规划实施新路径

田园综合体规划不属于传统规划体系，缺少成熟的技术方法。项目组前期参编由省发改委牵头的《云南省田园综合体规划编制导则》，规范了技术方法；后通过"八宝田园综合体"的实践探索，构建了一套"宏观到微观互动式推进、规划和投融建管营同步涉及"的规划编制方法。按照前期准备、方向把控、布局规划、实施机制、细化指引"五阶段法"，可以很好适应田园综合体"逐层推进、整体统筹、局部实施"的特性，确保项目落地。

69

（二）专业融合，创新"保护＋振兴"共举的发展新思路

田园综合体规划综合性强，依托公司工程设计综合甲级实力背景，在传统城乡规划、旅游规划、风景园林、建筑景观、市政工程等专业基础上，融合生态环境、农田水利、产业经济、投融资等学科组建联合工作团队完成项目设计。同时，项目组与云南省农科院、文山州农科院、世博集团、西南林业大学等多位专家以及文山州、广南县各级领导和部门对规划项目进行反复研讨，并召开了专家咨询会和"八宝米产业研讨会"，共商"保护＋振兴"发展之路。

（三）存量先行，形成典型指路、分类指引的建设新举措

规划优先盘活约 90 万平方米的政府和集体存量土地和 21 处公共闲置房屋，严控建设用地增量，解决红线多与建设用地匮乏的矛盾。通过详细的分类引导，改善居住条件的同时修复传统风貌，解决居住品质提升和传统风貌保护间的矛盾。

（四）利益联接，探索了地区"共同富裕"合作新模式

规划将范围内的可运营项目、运营方式进行详细梳理和分类，为不同投资主体参与提供了清晰的指引，利于权责界定和收益测算。对于市场引力不足的项目，盘活全县的农林地、景点、市政设施特许经营权等资源要素，用于保障投资主体的收益。通过多种投资运营方式并行，灵活多样地解决建设资金缺乏的窘境。

五、规划实施情况

（一）成功申报 2.22 亿元专项债，保障项目建设资金

项目组以总体规划为指引，编制专项债可研，并协助地方政府完成"2021 年云南省政府专项债券"申报，获得 2.22 亿元项目建设资金。

目前，八宝镇成立了"牙龙家园共建小组""八宝米产业促进协会"等合作组织，并开展了稻田画（见图63）、庭院改造、建筑风貌整治、八宝米共生系统、八宝河生态廊道、稻田绿色防控、电力迁改等多个生态、产业、文旅类项目建设，建设成果成效初显。

图63　八宝稻田画摄影图（业主供图，2023年6月摄）

（二）成为云南省乡村振兴的重要名片，获得国家级媒体点赞

2022 年 9 月 5 日，《人民日报》头版刊载了以八宝田园风光为背景的图片新闻，点赞文山州全力落实各项强农惠农政策，动员各类经营主体多种粮、种好粮，通过开展山、水、林、田、路综合治理，优化耕作条件，推广规模种植，促进粮食增产、农民增收的乡村振兴举措。八宝镇已成为云南省乡村振兴的重要名片。

云南茶马古道和北回归线两条国家步道总体规划^[1]

规划以世界顶级自然人文国家步道为总体发展目标，以"连接文明与自然的精神之路"为旅游口号。通过"茶马古道"国家步道和"北回归线"国家步道两大纵横云南的国家步道建设，使之成为云南省内从自然景观、历史文化、乡土文明、社会生态全方面展示国家物理空间和精神文明的巨大媒介。通过国家步道的建设运营，使之成为云南省"生态友好、富农富民、大众健身、民族团结、连接国际"的生态文明复兴之路。通过两条国家步道的建设，使之成为云南省健康生活慢行系统，并与大滇西旅游环线互为支撑、紧密衔接，共同构建形成一个一快一慢的云南旅游发展新空间、新廊道和新网络。未来，茶马古道国家步道和北回归线国家步道一经落成，将对全国国家步道体系建设、云南旅游高质量发展、大滇西旅游环线的构建，以及云南省的文旅融合发展具有深远的意义。

一、规划背景

（一）宏观背景

1. 全民健身上升到国家战略

中国共产党第十九次全国代表大会（以下简称"党的十九大"）报告指出，要广泛开展全民健身活动，加快推进体育强国建设，推动全民健身和竞技体育全面发展。可见，全民健身已经上升为国家战略层面。为了更好地贯彻党的十九大重要思想，未来云南文化旅游应着重加强体育旅游、健康旅游的比重，推动发展"文化＋体育＋旅游"复合型落地产品，以主客共享为理念，从基础设施、配套服务、休闲旅游、主题文化、多元赛事、专业运营等方面进行系统化构建，为外来游客和本地居民提供更广泛的文化休闲与体育旅游的参与空间，赋予文化旅游产品更深的特色服务体验。

2. 健身休闲产业迎来广阔发展空间

《国务院办公厅关于加快发展健身休闲产业的指导意见》（以下简称《意见》）明确指出，到2025年基本形成布局合理、功能完善、门类齐全的健身休闲产业发展格局，提出未来我国健康体育休闲大路径主要通过完善健身休闲体系、培育健身休闲市场主体、优化健身休闲产业结构和布局、加强健身休闲设施建设、提升健身休闲器材装备研发制造能力、改善健身休闲消费环境及加强组织实施来实现。《意见》主要从基础设施构建、健康休闲产业类型、相关管理机制创新发展等方面为云南今后的文化与体育旅游发展提供本底支持，未来促进产业互动融合、推进"互联网＋文化旅游＋健康休闲"、发展体育赛事、保障日常健身需求，以及进一步支持市场主体升级、进一步盘活现有特色

---

[1] 编制单位：北京大地风景旅游景观规划设计有限公司
　　文稿执笔人：张时

资源向文化旅游发展等，也将成为云南休闲户外旅游的必行方向。

3. 旅游体验需求向户外康体、休闲运动转变

2015 年，中国人均 GDP 已达 8016 美元，体现了我国人民生活水平有了很大的提升。同时随着经济高速发展，大中型城市工作人群的社会生活节奏逐渐加快，时尚白领与亚健康人群逐渐增多，这类群体相较其他群体普遍更为关注健康与生活质量。加之我国已飞速进入老龄化时代，伴随着社会保障制度的完善，具有一定消费能力的银发市场体量将迅速扩增。未来针对康养、运动、户外康体类产品的需求将不断提升，结合白领的高消费、高学历和时尚生活态度，市场需求将更趋向于高端体验、精品养生、回归自然、放松心情。

4. 云南处于旅游产业转型升级、提质增效的关键时期

近两年来，云南省委、省政府相继出台《关于加快推进旅游转型升级的若干意见》《云南省加快推进旅游产业转型升级重点任务》等政策文件，明确了旅游产业发展"国际化、高端化、特色化、智慧化"的总目标和"做大、做强、做精、做优"旅游产业的总要求，务实推动旅游产业转型升级，稳步推进旅游强省建设。云南以全域旅游为理念，定位和谋划旅游产业发展，以打造旅游目的地、建设公共基础服务设施、引进和培育知名旅游品牌、发展智慧旅游为重点，着力提升旅游供给能力，努力实现云南旅游业高质量发展，把云南打造成为世界级旅游目的地。

5. 建设国家步道，挖掘串联优质资源，是云南重新获取北上广一线城市旅游客群认可的重要措施

云南优质丰富的旅游资源与北上广客群的高品质旅游需求具有天然的契合度，茶马古道和北回归线两大国家步道的建设，将沿线丰富优质的旅游资源更好地展示给游客，让北上广一线城市旅游客群重新发现云南之美，获得惊喜的旅游体验。

（二）国际发展实践

海外步道已发展将近百年，体系较为成熟：步道肇始于美国，最早在 1921 年由设计师 Benton MacKaye 发起并规划美国首条步道阿帕拉契亚步道（The Appalachian Trail）。步道在欧洲的英国、德国等国家不断兴起，亚洲的日本、新加坡等国家和我国香港、台湾地区也做出诸多实践。美国国家步道已有近 50 年的发展历史，建成了世界上最完善、最成熟的国家步道系统（National Trails System）。1968 年，美国总统林登·约翰逊签署《国家步道系统法案》（National Trails System Act），确立美国国家步道制度，旨在通过国家步道建设，满足广大国民日益增长的户外休闲需求。1993 年，美国设立国家步道日（National Trails Day），在每年 6 月第 1 个星期六开展专门的纪念、庆祝活动。根据《2013 年国家步道年度报告》（*National Trails System ANNUALREPORT for FY 2013*），美国现有 11 条国家风景步道、19 条国家历史步道、1200 余条国家休闲步道和 6 条连接步道，其中国家风景步道与国家历史步道总长超过 86900 千米，国家休闲步道遍布全美 50 个州。

（三）国内发展实践

国内步道发展历程：国务院印发的《全民健身计划（2011—2015 年）》

（国发〔2011〕5 号）指出，建设健身步道、登山道等户外运动设施。国务院办公厅印发的《国民旅游休闲纲要（2013—2020 年）》（国办发〔2013〕10号）指出，积极发展体育健身旅游，完善国民旅游休闲公共服务。国务院印发的《关于加快发展体育产业促进体育消费的若干意见》（国发〔2014〕46号），更是将全民健身上升为国家战略。国务院办公厅印发的《关于加快发展健身休闲产业的指导意见》（国办发〔2016〕77 号）则明确指出，我国已进入全面建成小康社会决胜阶段，加快发展健身休闲产业对挖掘和释放消费潜力、保障和改善民生、培育新的经济增长点、增强经济增长新动能具有重要意义；到 2025 年，健身休闲产业总规模达到 3 万亿元；充分挖掘水、陆、空资源，研究打造国家步道系统。另外，各地不断涌现的步道规划建设实践是国家步道的发展基础，推进确立国家步道制度恰逢其时。2010 年，浙江宁海建成首条国家登山健身步道。此后，从浙江、山西、内蒙古、北京、广东等省市到全国陆续掀起步道建设热潮。2013 年，北京顺义五彩浅山国家登山健身步道建成 125 千米，并成功举办国际登山比赛，首都市民对步道的关注度随之攀升。

二、项目思考过程

当前全国各地步道规划建设方兴未艾，不断掀起热潮。云南作为户外运动资源大省，"十三五"时期全省建成步行、骑行和登山等各类健身步道 3110 千米，极大丰富了群众"去哪儿健身"的选择。云南茶马古道北回归线国家步道总体规划分为茶马古道和北回归线两条国家步道，项目总里程约 5996 千米。其中茶马古道国家步道途经大理—丽江—香格里拉—贡山—六库—芒宽—腾冲—梁河—盈江—陇川—瑞丽—芒市—施甸—昌宁—云县—临沧—沧源—西蒙—孟连—澜沧—勐海—景洪，全程约 4383 千米，主要涉及大理、丽江、迪庆、怒江、保山、德宏、临沧、普洱、西双版纳州 9 个州市。北回归线国家步道途径耿马—双江—景谷—宁洱—墨江—元江—红河—元阳—个旧—蒙自—文山—西畴—富宁，全程约 1613 千米，主要涉及临沧、普洱、玉溪、红河、文山 5 个州市。规划涉及众多地市，步道途经多个乡村，各线路现状条件均不相同，规划中统筹考虑步道建设与生态保护，重点思考选线、修建、配套服务等环节，将步道沿线的自然、人文、生态景观串联起来，以科学的理念最小化改造和建设，最大化突出云南茶马古道北回归线国家步道的文化价值、社会价值。

三、核心规划思路

规划以"顶级品牌拉动、沿线村庄带动、辅助产品随动、全域整体联动"为脉络，以国家步道旅游服务功能完善、旅游精品体系建设、旅游整体形象塑造为抓手，紧紧围绕"生态文明、文旅融合、乡村振兴、产业升级"等核心理念，以户外运动旅游客群为主体，周围城市群巨大休闲度假消费市场为带动和补充，努力打造世界级生态文明国家步道，连接文明与自然的精神之路。

本项目规划分为茶马古道和北回归线两条国家步道，项目总里程约 5996千米。规划内容主要包括现状分析、规划思路、空间布局、发展定位、项目体系、专项规划、运营保障等。

（一）现状分析

对步道沿线的地形地貌、路线轨迹、历史文化、步道类型、民族习惯、安全性、生态红线、设施布局节点、地理位置与坐标等进行汇总、落点、落图，并进行综合性梳理与分析。

（二）规划原则

以合规性、在地性、安全性、环保性、节约性、综合性、带动性等原则，制定国家步道规划建设的基本策略。

（三）空间布局

结合路段特点、沿线资源、特色文化、功能定位等特征，明确主题线路布局，对服务区、驿站、景区、观景台、救援点等服务设施网络体系进行整体科学布局。

（四）发展定位

以旅游、体验、赛事、文化、经济等功能为核心，明确国家游步道未来发展的总体目标与定位。

（五）项目体系

围绕服务、游览、活动、自驾、休憩、探险、救援、体验等功能内涵，打造功能完善、体系健全、设施先进、管理富有成效的项目体系。

（六）专项规划

以道路交通、环境保护、系统标识、景观绿化、配套设施、土地利用、专项赛事等为主要内容，提供相关软件硬件建设的要求、规范、标准、思路、细则。

（七）运营保障

制定相关政策、投融资渠道、运营维护、产业融合、人才体系、宣传营销等多方面的保障措施，确保茶马古道、北回归线两大国家步道的建设、运营、利用、发展。

四、项目突出亮点

（一）划分主题线路，实施差异化的发展战略

《规划》根据各地自然条件、资源禀赋、经济社会发展阶段和区域发展战略定位的差异，根据资源状况与利用特点，将整个茶马古道北回归线划分为"8+35"的发展空间布局，即 8 大主题步道和 35 条特色线路。明确了各线路的主题及定位，有针对性地指导各线路的发展方向。同时，在划分不同线路的基础上，根据资源环境承载能力、利用现状和开发潜力，统筹考虑未来游客需求、业态布局和村庄发展，制定了差异化的发展路径。

（二）着眼产品打造，构建"国家步道＋"旅游产品体系

《规划》提出重点构建"国家步道＋"旅游产品体系，将依托不同主题线路资源，开发有特色的旅游新产品，提供有差别的旅游服务。具体措施如下：深挖各主题线路深厚的文化及丰富的旅游资源，通过串珠成链、以线带面的方式，将沿线景区景点、半山酒店、康养度假产品、户外研学产品、特色营地驿站、人文体验产品、乡村旅游产品有机组合，打造地域特征鲜明、文化气息浓厚的步道体验之旅。

（三）运用经济手段，强化规划实施保障措施

为促进规划落地，《规划》提出了保障规划实施的各项措施，更加注重运用经济手段、发挥市场配置土地资源的作用，充分考虑多方利益，调动地方政府和农民群众的积极性和主动性，更加强调部门合作及政策的综合运用。

五、总体发展定位

（一）生态文明复兴之路

以"茶马古道国家历史步道"和"北回归线国家风景步道"为纵横云南的两大国家步道，从自然景观、历史文化、乡土文明、社会生态全方面展示国家地理空间和精神文明。通过国家步道的建设运营，使之成为"生态友好、富农富民、大众健身、民族团结、连接国际"的生态文明复兴之路。

（二）健康生活慢行系统

相较于云南大滇西旅游环线的规划而言，"茶马古道"和"北回归线"国家步道则是更近距离走近自然、走近乡野的十字形慢行徒步系统，与大滇西旅游环线互为支撑、紧密衔接，共同构建形成一个一快一慢的云南旅游发展新空间、新廊道和新网络（见图64）。

图64 发展愿景示意图

六、主题线路策划

（一）茶马古道国家步道主题线路策划

8大主题步道，35条特色步道（见图65）。

1."禅茶雨林"休闲步道

"禅茶雨林"休闲步道全长642千米，规划包括西双版纳段——热带雨林休闲步道、勐海边境段——傣族风情休闲步道两条特色步道。"禅茶雨林"休闲步道串联热带雨林、湖泊湿地、山地茶园，提供丰富的生态旅游体验；联结佛庙建筑、红色遗址、古道遗址，感受多彩人文与厚重文化。

2."普洱茶源"休闲步道

"普洱茶源"休闲步道全长490千米，规划包括思茅港段——拉祜风情休闲步道、那柯里段——茶马商贸史迹步道、无量山段——森林探秘风景步道三条特色步道。"普洱茶源"休闲步道以茶马古道人文遗迹、民俗原生态村落为

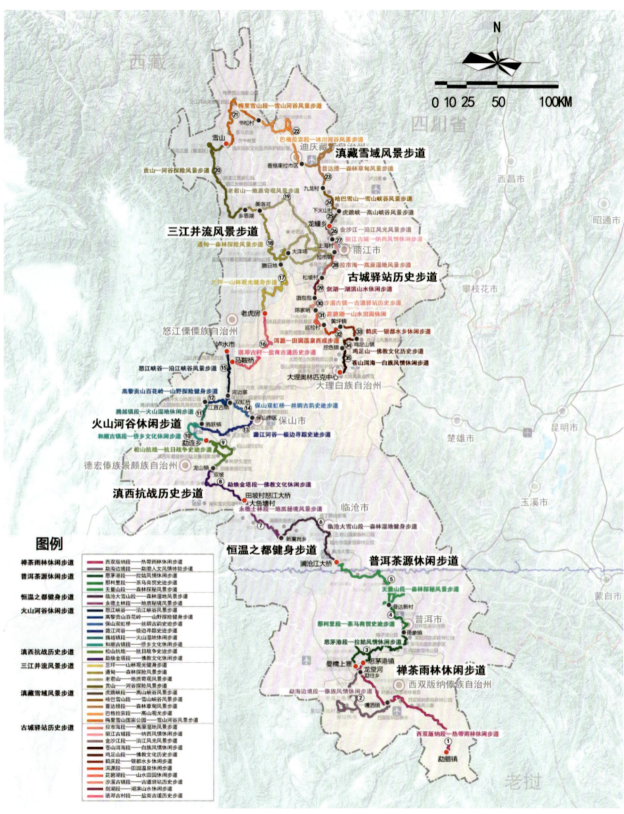

图65　茶马古道国家步道主题线路规划图

特色引领，串联森林公园、旅游景区、观景平台、地质景观节点等游览资源，打造以生态景观为底色，茶马古道、商贸文化、民俗风情为亮点的人文休闲步道。

3. "恒温之都"健身步道

"恒温之都"健身步道全长382千米，规划包括临沧大雪山段——森林湿地健身步道、永德土林段——地质秘境风景步道两条特色步道。"恒温之都"健身步道以临沧大雪山为旅游景观廊道，通过特色观景台、森林景观、湿地景观、地质景观的串联延伸，植入民族文化元素、融合发展元素、特色IP设计等，打造以雪域风光为引领、人文体验为特色的文化风情健身步道。

4. "火山河谷"休闲步道

"火山河谷"休闲步道全长425千米，规划包括怒江峡谷段——沿江峡谷风景步道、高黎贡山百花岭段——山野探险健身步道、保山双虹桥段——丝路古韵史迹步道、潞江河谷段——极边寻踪史迹步道、腾越镇段——火山湿地休闲步道、和顺古镇段——侨乡文化休闲步道六条特色步道。"火山河谷"休闲步道沿怒江大峡谷观览峡谷风光，翻越高黎贡山体验高山密林，原始森林秘境奇观。串联腾冲主要资源分布区域，带动沿线景区景点的户外徒步旅游市场发展，打造具有火山河谷的鲜明特色主题路段。

5. "滇西抗战"历史步道

"滇西抗战"历史步道全长306千米，规划包括松山抗战段——抗日战争史迹步道、勐焕金塔段——佛教文化休闲步道两条特色步道。"滇西抗战"历史步道集中观览和体验中国人民抗日战争历史记忆，对进行爱国主义教育、凝聚民族精神等方面具有重要意义。

6. "三江并流"风景步道

"三江并流"风景步道全长775千米，规划包括怒江贡山段——河谷探险风景步道、怒江通甸段——森林探险风景步道、怒江兰坪段——山林观光健身步道、老君山段——地质奇观风景步道四条特色步道。"三江并流"风景步道探世界自然遗产之秘，观览高山峡谷之奇，让游客体验民族生物多样性之特。

7. "滇藏雪域"风景步道

"滇藏雪域"风景步道全长679千米，规划包括虎跳峡段——高山峡谷风景步道、哈巴雪山段——雪山峡谷风景步道、普达措段——森林草甸风景步道、巴格拉宗段——冰川河谷风景步道、梅里雪山段——雪山河谷风景步道五条特色步道。"滇藏雪域"风景步道串联沿线滇藏雪域风景点，让游客感受滇藏雪域自然风光。

8. "古城驿站"历史步道

"古城驿站"历史步道全长684千米，规划包括拉市海段——高原湿地风景步道、丽江古城段——纳西风情休闲步道、金沙江段——沿江风光风景步道、苍山洱海段——白族风情休闲步道、鸡足山段——佛教文化历史步道、鹤庆段——银都水乡休闲步道、洱源段——田园温泉休闲步道、芘碧湖段——山水田园休闲步道、沙溪古镇段——古道驿站历史步道、剑湖段——湖滨山水休闲步道、诺邓古村段——盐商古道历史步道十一条特色步道。"古城驿站"历史步道串联古城古镇及人文旅游景点，让游客体验茶马古道非遗文化。

（二）北回归线国家步道主题线路策划

5大主题步道，16条特色步道（见图66）。

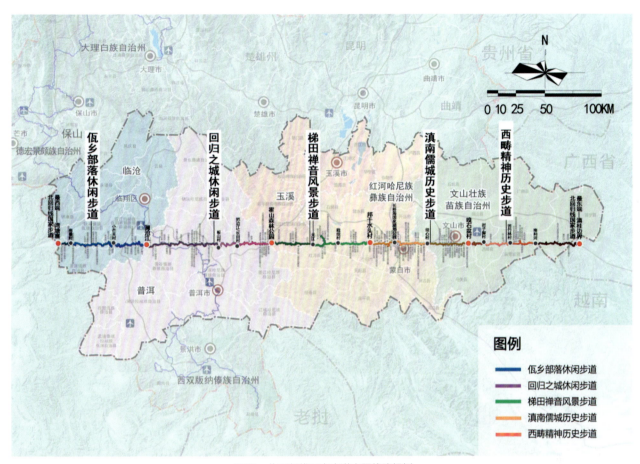

图66　北回归线国家步道主题线路规划

1."佤乡部落"休闲步道

"佤乡部落"休闲步道全长319千米，规划包括沧源段——中缅边境雨林风景步道、耿马段——孟定坝休闲步道、双江段——绿色明珠风景步道三条特色步道。"佤乡部落"休闲步道串联热带雨林、佤乡部落、山地茶园，为游客提供丰富的生态旅游体验。

2."回归之城"休闲步道

"回归之城"休闲步道全长442千米，规划包括景谷段——佛迹寻踪休闲步道、宁洱段——宁洱山地休闲步道、墨江段——双胞探秘休闲步道三条特色步道。"回归之城"休闲步道串联沿线资源，以北回归线标志、神奇的双胞文化为特色，带领游客开展北回归线神奇探秘之旅。

3."梯田禅音"风景步道

"梯田禅音"风景步道全长258千米，规划包括元江段——多彩梯田风景步道、石屏段——石屏古城历史步道、建水段——山寺花海风景步道三条特色步道。"梯田禅音"风景步道串联多彩梯田、田园村落，提供丰富的生态休闲体验；联结佛庙建筑、古城遗址，让游客感受厚重的文化。

4."滇南儒城"历史步道

"滇南儒城"历史步道全长 305 千米，规划包括个旧段——湖光山色风景步道、蒙自段——古城旧址历史步道、文山段——公园寺院休闲步道三条特色步道。"滇南儒城"历史步道串联山水田园、古城旧址、公园寺院，使游客能体验到北回归线的山水美景，多彩文化。

5."西畴精神"历史步道

"西畴精神"历史步道全长 289 千米，规划包括岘山段——岩溶坝子风景步道、西畴段——西畴喀斯特风景步道、麻栗坡段——追忆英雄历史步道、富宁广西段——壮族风情休闲步道四条特色步道。"西畴精神"历史步道以欣赏独特的喀斯特岩溶地貌、体验红色文化与民族文化为功能定位。

七、项目实施成效

通过云南茶马古道北回归线国家步道的建设，将壮大游憩服务、创意商品、户外运动、赛事节事四大产业集群，促进沿线产业发展，实现品牌价值积累。由点状的服务性收益向作为一类特色商品进行整体销售收益转变。持续带动以营地运营、接驳交通服务、赛事活动运营、创意商品运营、节点项目运营为核心的五大板块收益。

（一）营地运营收益

营地运营收益包括租赁收益、商业销售收益、餐饮收益、住宿收益、休闲娱乐收益、公共服务收益和营位租赁收益。

（二）接驳交通服务收益

接驳交通服务收益主要为车票费用。

（三）赛事活动运营收益

赛事活动运营收益包括价值出售收益和拉动效益收益。

（四）创意商品运营收益

创意商品运营收益包括设计、研发、生产和销售收益。

（五）节点项目运营收益

节点项目运营收益包括门票收益、经营收益和销售收益。

陆良南境颐养小镇发展总体规划和修建性详细规划[1]

陆良地处滇东腹地，"独步南境，卓尔不群"的爨文化在此发源繁荣，中医药资源独特，随着城市的不断发展，陆良在文化展示、城市品牌打造、城市形象提升上仍然动力不足，本项目以省委省政府打造"健康生活目的地"战略部署为契机，在全民旅游的火热市场背景下，提出"旅游+x"的特色小镇产业构建模式，发展"体验式旅游"，打造陆良新的经济发展模式，创建属于陆良自身的爨文化颐养旅游特色小镇。

一、项目简介

（一）项目背景

陆良位于滇东，素有"高原水乡""滇东明珠"之称，是爨文化的发祥地，其位于滇黔桂旅游走廊上的节点和"昆石罗"精品旅游线上的重要节点。

长久以来，陆良的文化展示窗口缺失，城市品牌形象模糊，文旅产品缺乏，按照省政府提出的打造"健康生活目的地"战略部署，陆良滇中健康城经营集团有限公司在县委县政府的大力支持下，借此契机，高起点谋划规划，打造独具文化特色的南境颐养小镇，提升城市品质，发展"旅游+文化+健康"的多维业态模式，创建城市形象品牌，促进旅游产业的繁荣发展。

（二）项目区位

小镇位于陆良县城西片区的核心地段，距离中心城区约2千米，处于县城拓展片区，潜力发展巨大（见图67）。外围的农林、山体、彩色沙林风景区、南盘江等构成区域山、河、园、田的自然生态格局，自然基底良好。小镇范围内有大凹水库及零星的灌溉沟渠及河道，水资源优势明显。现状大凹水库水域面积19.54万平方千米，水量充沛。

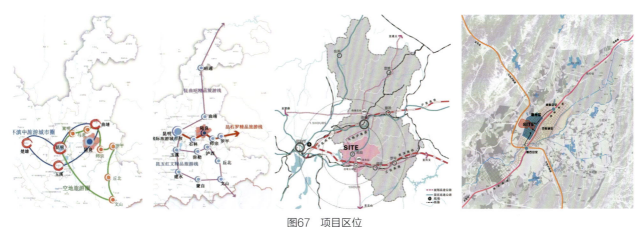

图67 项目区位

[1] 编制单位：云南省城乡规划设计研究院
文稿执笔人：邵文浩、王娟、崔亚楠

二、项目构思

（一）规划理念

1. 以人为本的小镇发展理念

以市民的需求和体验作为根据，把创造宜居宜业、安全舒适的环境作为项目的出发点和落脚点，创造良好的小镇人居环境，提供完善的公共服务设施，努力提升小镇吸引力和城市形象。

2. 高效低碳的生态营城理念

规划倡导集约用地的发展思路，制定合理紧凑的用地指标，适度提高建设密度与强度，并体现混合型、多元性和弹性的特点。推广建筑节能技术与措施，鼓励扩大新能源的利用，并大力发展城市公共交通，促进本区域高效低碳发展。

3. 多元混合的空间布局理念

小镇作为陆良新型城镇化发展的重点区域，其布局上应大力提倡多元功能与混合布局的理念，植入相关业态布局，使整体功能布局适应未来再发展需求。为此，在本区域再发展的布局上应倡导功能的适度混合，实现职居平衡，加强现代服务业业态的混合布置，依托交通枢纽布局服务综合体等，实现用地布局的多元混合。

（二）定位与目标

1. 发展定位

按照因地制宜、梯次推进、上下联动，有序推进特色小镇建设，打造特色产业集群和品牌支撑，将陆良南境颐养小镇打造建设成为：

以颐养度假、文旅体验为核心，将小镇打造成为集文旅休闲、康体养生等为一体的全县旅游服务中心，全省闻名的文旅康养小镇，全国知名的特色健康旅游目的地。

以国家 4A 级旅游景区为标准，打造以"体验式旅游"为核心的特色产业集群，按照"宜游、宜养、宜居、宜业"的新型城镇化模式，营造文旅康养与田园慢生活方式，打造爨文化文旅特色小镇。形成一个"吃、住、行、游、购、娱、养、研、趣"的产业链条，不断提升陆良特色小镇的社会经济发展水平。

2. 规划目标

将陆良康养小镇打造成医养服务与慢生活体验新平台、湖滨生态与人文游憩新地标、健康体验与智慧生活新基地、特色小镇单元开发与运营创新示范区（见图68）。

◆ 医养服务与慢活体验新平台　　◆ 滇中湖滨生态与人文游憩新地标　　◆ 特色小镇单元开发与运营创新示范区　　◆ 健康体验与智慧生活新基地

图68　项目定位示意图

三、产业发展研判

（一）产业发展思路

按照省委、省政府提出的打造"健康生活目的地"要求，充分利用自身独特的资源、区位、产业、文化底蕴等优势，以旅游为主导产业，发展"旅游+X"，将健康养生体验、文化体验、中医药体验、体育运动体验、高原特色原乡体验等产业与旅游产业有机聚合，发展"体验式旅游"，打造继农业经济、工业经济和服务经济之后的新经济形式。

（二）目标市场客群

基于市场发展研判，聚焦潜在消费市场，导入多元体验经济；兼顾大众市场，满足本地居民基本消费需求。通过对各类游客的相关因素分析，确定客源类型为散客游客、度假游客、银发消费者、中产白领游客和大众消费者为主。尤其是度假游客、银发消费者和中产白领游客，他们出行方式、消费业态和观念都相对比较优越，旅游注重体验和品质感。

依据小镇的交通及旅游区位、资源与产品及线路组合，可将其客源市场分为四大板块：

1. 本地核心层

以陆良本地居民为主的近程客源市场。

2. 滇中拓展层

以滇中城市群内昆明、曲靖、红河州周边各县为主的，拓展到省内主要城市的中程客源市场。

3. 区域辐射层

国内西南地区贵州、四川和广西区域、东北地区及北方沿海城市等远程客源市场。

4. 国际影响层

东南亚地区中产及富裕人群等机会客源市场。

（三）产业研判选择

坚持规划先行，突出规划引领，以产业为支撑，以"爨文化"资源为核心，以康养产业为特色，打造"旅游+X"的产业模式。开发精品化文旅项目、打造健康体验项目、塑造文化精神领地、配套多样化的公共服务设施、提供便捷化的公共管理服务、解决周边村民和小镇居民就业、创业。

1. 旅游+健康养生

依托基地内良好的气候、水文条件和底蕴深厚的中医药文化，打好"康养"牌，广纳天下客。做优居养老、候鸟式养老，营造慢生活康养度假体验新方式，延伸健康养生产业链，发展健康体检、健康管理、修复保健、温泉度假、养生药膳、新生活方式体验、养生文化体验等养生休闲体验式项目，享受康体养生服务。打造全省乃至全国具有吸引力的养老养生基地。

2. 旅游+文化传承

深度挖掘陆良悠久的爨文化元素，并认真梳理，合理布局，在小镇规划展示爨服、爨绣、爨陶等爨文化产品及爨氏歌舞、爨文化活动等成为小镇的主要文化传承，使文化特色得到有力地彰显。邀请陆良非遗继承人入驻小镇，打造具有艺术特质的旅游产品，开发各种形式的艺术体验型产品。项目包括：文化演艺舞台、非遗手艺传习馆、画家村、学生实践基地等。

利用原有大凹水库自然水资源，将其打造成为 40 万平方米南境湖景观水面。结合陆良民俗的节庆活动，在湖面上举行一些游客可参与的项目，使游客在游玩的过程中亲身体验民俗风情，充分体现出人与水的亲密关系。项目包括：南境湖捕捞体验、放河灯、放高升、水井文艺汇等活动。

3. 旅游 + 中医中药

结合陆良优越的交通区位优势、悠久的中医药历史、丰富的中医资源，依托中药产业做优药膳养生、中药温泉，打造药膳养生一条街；依托药材种植、科普、加工、药方研发，形成一条以参观、生产、体验、销售相结合的全产业示范带，形成中医药产业 + 旅游的融合发展。发展互联网 + 中医服务，做优名医名家在线服务；依托爨文化深厚底蕴，将爨文化融合在小镇的建筑、饮食、书法绘画、歌舞表演、文化产品中，打造中医药文化旅游胜地。

4. 旅游 + 运动休闲

依托曲靖高原特色足球训练基地项目的建设，实现小镇旅游与运动休闲融合发展。以体育运动资源为基础，以休闲环境氛围塑造为依托，通过体育运动休闲体验、体育建筑场馆观光及赛事观赏、体育旅游商品等形式，为消费者在旅行游览和健身过程中提供服务。

5. 旅游 + 农业生态

小镇充分利用外围的农林、山体、水体等构成山、水、田、园的自然生态格局。因其自然基底较好，为小镇的宜养、宜居、宜业、宜游提供了有力的支撑。

小镇西侧农耕资源丰富，以平坡村为基础，发展特色中药材种植、特色农产品种植。开发观光农业体验，在小镇实现观赏、食用、体验、科普教育等综合功能的同时，也为游客、小镇居民提供定制种植、养殖和配送服务（见表2）。结合小镇保留的原生态农田，规划建设文化创意客栈，让客人在旅居酒店的同时，也能品尝陆良特色生态农产品。

表2　产业业态遴选统计表

产业门类	功能	业态项目
旅游 + 大健康	康体养生	养生康体中心、健康管理中心综合体、南境温泉酒店、南境颐养客栈、南境度假酒店、南境颐养康体度假村、康养社区等
旅游 + 文化传承	文旅体验	爨乡文化园、爨文化博览馆、爨乡特色集市、爨乡美食街、爨文化养生度假酒店等
旅游 + 中医药	中医体验、医药研发	陆良中医药传承创新馆、陆良中医文化主题公园、医药研发、中草药种植基地、科普基地等
旅游 + 运动休闲	体育旅游	云南省曲靖高原足球训练基地、滨水公园、儿童主题乐园等
旅游 + 生态体验	田园体验	平坡特色民俗村、农业观光休闲园、自然科学数字体验馆等
配套设施	基础服务	小镇会客厅、游客服务中心、互联网建设、公共停车场、加油站、道路建设、平坡村风貌整治提升、小镇绿化景观、水面环境提升等项目

四、规划布局

项目承接县城"东西向城市空间脉络",延续城市公共空间轴线,打造脉络空间西向起点,确定"一心,一轴,三区"的空间布局(见图69)。

(一)一心

即以南境湖为核心形成小镇未来的公共绿心。

(二)一轴

即由南境湖—康养片区—文旅休闲片区—老城区的一条城市脉络公共空间轴。

(三)三区

即依托生态廊道形成的三个功能片区。包括文旅休闲区、健康养生区、医药创智区。

文旅休闲区主要为小镇中部爨乡大道西侧,以体现爨文化风貌的传统建筑群,包括小镇会客厅、南境广场、南境颐养小镇游客服务中心、爨文化博物馆、爨乡特色集市、爨乡美食街、商业综合体、客栈、民宿等项目。

健康养生区位于南境湖周边区域。以中医文化为载体,重点打造健康管理中心综合体、国际康养度假村、中医文化产业园、南境湖公园核心项目。具体包括中草药研发、大健康数据中心、体检中心、康复中心、三民众创空间、护理培训学院、会展交流,健康管理金融中心、老年大学、康养公寓、国际康养度假酒店、养生馆、中医文化展览馆、中医药膳馆、名医馆、接待中心、诊疗中心、康养度假公寓等配套服务项目。

医药创智区位于西外环线西侧和南境湖南侧区域。包括中草药种植基地、特色医疗康养基地等重点项目。形成特色医疗集群,提供专业化、差异化、定制化和特色诊疗服务。

图69　功能结构与详细布局规划图

五、特色与亮点

（一）基于地域文化内涵，构建独具"爨文化"空间表达语境的建设引导控制体系，活化"爨文化"IP，塑造满足"地域文化特征＋多样现代生活需求"的城市公共空间

项目以爨文化为主线，深入挖掘陆良"爨文化"的空间特征与内涵，突破原有符号式的文化表达方式，结合产业特色小镇的定位与发展目标，汲取汉唐时期爨文化建筑与空间特色，力求塑造一个传统风貌与现代化生活需求有机融合的城市公共空间。项目规划设计尝试构建"爨文化＋现代生活"的城市公共开放空间，通过建筑色彩—建筑体量—建筑风格与外部空间为一体的引导控制体系，营造一个具有传统建筑空间肌理、地域文化特征与外部园林景观有机融合的公共开放空间，并通过现代化设施和以中医药为代表的相关产业配建，打造成一个充满活力且具有视觉冲击力的城市空间和形象窗口，活化"爨文化"IP（见图70）。

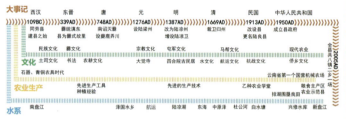

图70　爨文化IP活化示意图

（二）以"文旅康养"为项目业态导向，融合生态营城理念，构建环湖共荣圈，打造健康生活目的地，有序推动陆良旧城更新，促进城市、产业、文化和人居环境协调发展，成为陆良推动新型城镇化的有力抓手

项目文化搭台，康旅唱戏。以"文旅康养＋"的模式赋能片区周边产业，盘活原有的水库景观资源，做活"水"的文章，引入中医疗养等康养产业，构建以南境湖为中心辐射周边区域的康养体验、健康旅居、休闲娱乐等多业态的环湖共荣圈，满足产业发展配套和居民生活需要。小镇的建设有利于疏解老城区的非核心功能，有序推动旧城更新，缓解老城区交通拥堵、破解老城区环境质量不高的难题，带动陆良城区从单一的居住服务功能向文旅、康养、旅居等多方向的复合功能转型，促进美丽县城建设。

（三）以产业为支撑，加快城乡要素流通和转换，构建陆良县推动城乡融合的重要纽带，打造陆良县城乡融合发展的样板示范区

项目以"文旅、康养、休闲旅居"等多种产业为支撑，创造县域新的经济增长点，实现"城"与"乡"的互融和联动。依托项目西侧农耕资源，以平坡村为基础，发展特色中药材、特色农产品种植，规划文化创意客栈，产学实训基地，引导城市人口下乡消费，乡村人口进入城市就业，促进城市与农村产业的深度融合。项目建成后将成为陆良县城乡融合发展的示范区，是实现乡村振兴的有效载体（见图71）。

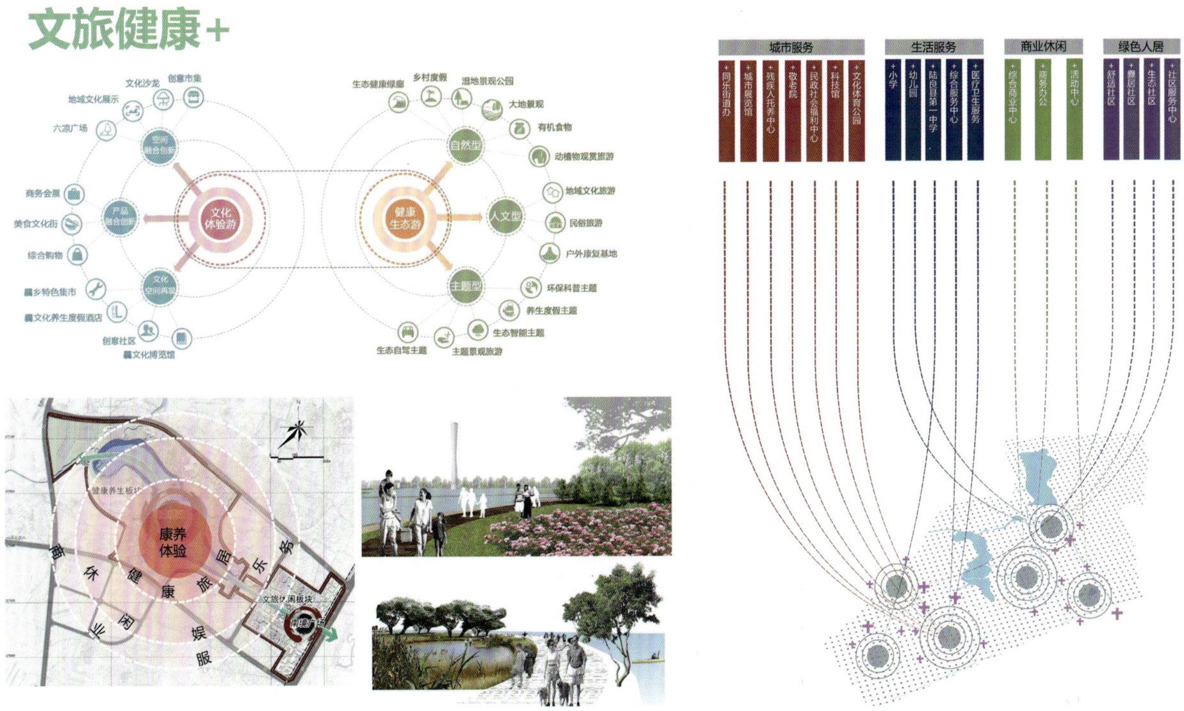

文旅健康+

图71 产业跨界融合发展构思

六、实施情况与效益

启动建设以来，占地73.3万平方千米的中医文化主题公园已初步开放，1.3万平方米的商馆已建成，44万平方千米的公共绿地、南境广场、智慧化管理平台等相关配套已经全面进入对外开放阶段。

小镇定期举办"爨文化"主题周活动，活动周将精彩呈现书法绘画、爨服爨秀、歌舞茶艺、爨王出征等系列文化活动，有民间医药、名医名家提供寻医问诊服务，成为陆良城市更新的示范样板，市民时常光顾的休闲娱乐场所，已然成为全县新的"打卡胜地"。

小镇建成后，正常年企业主营业务年均收入6亿元；正常年向国家交纳平均增值税9000万元，营业税金附加450万元，企业所得税2500万元；带动就业人数7850人；小镇完全建成后将实现年产值约10亿元，税收突破1亿元，带动就业3万~5万人。

小镇严格按照4A级旅游景区标准进行建设，2022年已入选国家3A级旅游景区。坚持"周有小活动，月有大活动"，主题公园自2020年11月开放至今，活动已举办30余次，仅2021年大年初一当天接待游客人数突破11万人次，新年期间累计接待游客人数超30万人次，大大提高了知名度。现小镇商业氛围浓郁，已有餐饮服务类、婚纱摄影类、文创特色类商家全面入驻。

临沧市临翔区昔归普洱茶小镇发展总体规划及核心区修建性详细规划[1]

农旅融合特色小镇的建设和发展，是落实乡村振兴战略、延伸农业产业链，实现农村经济增长的重要途径之一。昔归普洱茶小镇立足自身普洱茶产业和绿色生态两大基础优势，借助云南省特色小镇建设的有利时机，明确定位、精准发力，借助"昔归普洱茶"的金字招牌，围绕茶文化、茶产业、旅游产业和人文资源等，整合周边乡村的普洱茶种植产业，大力发展茶衍生产业和乡村休闲旅游等相关产业，通过"公司＋基地＋农户＋合作社"的模式带动农民增收，从而实现绿色富农和生态富农。

一、背景与现状

昔归普洱茶小镇位于临沧市临翔区邦东乡东部，距离临沧市政府所在地临翔区约 80 千米，是临沧的北大门，位于普洱市、临沧市交界处，是从昆明、玉溪方向沿高速进入临沧的第一站。

小镇内人文资源丰富，有嘎里古渡、昔归新石器遗址、昔归渡口、茶马古驿道遗址等。其中昔归团茶制作工艺被列为"省级非物质文化遗产"（见图72）。秀丽的自然风光、丰富的人文资源、便捷的交通区位为小镇发展奠定了良好的基础。

图72 昔归普洱茶小镇区位和旅游资源分布情况

[1] 编制单位：云南省城乡规划设计研究院
文稿执笔人：徐崇艳

二、规划构思

立足生态环境优美、文化底蕴深厚、旅游资源富集的优势，重视小镇山水资源的利用与保护，保持自然水系的完整性；强化"背山、面水、观云"的资源基质，建设以昔归茶产业为龙头，打造集人文历史、旅游观光、产业生产和原生态体验于一体的茶文化旅游小镇；并以此为起点和核心，串联临沧市东部旅游环线，形成一核引领、全域发展的新格局。

（一）规划理念

"潜龙在渊·龙腾江畔"

1. 茶为腾飞之翼

昔归茶作为昔归小镇发展的核心，也是腾飞之翼。

2. 文为发展引领

北部古茶山、遗址文化片区，是昔归小镇的文化基础，也是飞龙之领，引领着小镇的发展。

3. 水为生长之脉

澜沧江是昔归乃至整个临沧的母亲河，是临沧绿色生物产业的依托。水，是昔归小镇的龙脉所在，亦是发展之脉。

4. 山为传承之基

山是昔归茶的根，是小镇发展的前提，也是昔归小镇茶文化、茶产业传承的基础。

小镇按国家 3A 级旅游景区的标准建设，力争建成全国知名的普洱茶文化名镇、国家级休闲农业与乡村旅游示范点和云南省澜沧江沿江旅游经济带的重要节点。

规划以文化为魂、旅游为载体、产业为保障，实现小镇升级三部曲：近期，依托自然山水，打造临沧绿色生态的展示地；中期，依托千年古茶文化，打造"昔归"古茶复兴的枢纽地；远期，依托生活方式，建设新茶人生活方式的体验地。最终打造面向当地居民的活力创业之镇，面向交易商的茶产业交易之镇，面向游客的生态休闲之镇。

在规划中，为了坚实小镇的产业基础，特别加强了对产业的培育，形成"茶衍生产业—文化创意产业—休闲旅游产业"三大产业的培育、关联和互动互通。为了实现旅游与美丽乡村、文化传承、生态文明、特色产业发展的深度融合，催生了观光休闲农业、庄园养生旅游、生态旅游、山地康体运动、水上休闲娱乐、历史遗迹旅游等项目。并围绕茶文化、茶产业、旅游产业和人文资源等，加强配套服务和提升配套产品的开发设计，深化产业发展，延长和拓展产业链条，不断提升昔归小镇的社会经济发展水平。

（二）空间结构

依托现状地形、道路、资源分布的特色，考虑未来昔归普洱茶小镇要大力发展旅游业，规划构建"一心、两轴、一带、五片"的空间结构形式（见图73）。

1. 一心

城镇中心，包括管委会及其周边的行政管理用地等。

2. 两轴

城镇发展主轴和城镇发展次轴。依托高速公路联络线，串联规划区的各个组成片形成城镇发展主轴；玉临高速公路是连接规划区和临沧市及其周边区域的重要的发展轴，也是连接现代化小城镇和生态规划区的重要通道，是规划区的次要发展轴。

3. 一带

沿澜沧江打造风光休闲带。

4. 五片

沿城镇发展主轴，形成五大片功能组团片，分别是：乡村旅游片、景观娱乐片、城镇综合片、旅游度假片和茶山体验片。

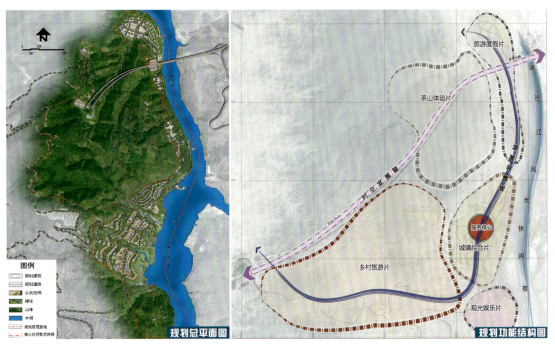

图73　昔归普洱茶小镇空间结构

小镇规划常住人口约 1.1 万人，建设用地 1 平方千米，合理配建了居住、公共管理与公共服务设施、商业服务业设施、制茶工业、绿地与广场等七大类用地。主要建设内容包括产业、公共服务、基础设施、绿化四大类 14 个子项。

规划依山就势，采用"自由式"路网，形成"一肩挑两头"的路网格局。通过打造自行车、电瓶车、游船交通路线，结合步行线路，将多处旅游节点有机串联。

依托山水格局，打造"一江引领，一轴延伸，江山交融。三区联动，多点呼应，自然和谐"的景观结构；凭借生态底蕴，形成"山水萦城，田园入景"的绿化空间（见图 74）。

围绕昔归茶"历史悠久"的特点，对应"底蕴深厚"的遗址文化，突出澜沧江的灵动和大山大水的格局，打造古朴的新中式小镇风貌，对建筑屋顶、墙体、结构、色彩等方面进行引导，实现小镇风貌的协调统一。

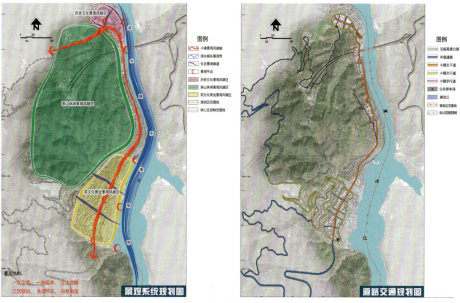

图74 昔归普洱茶小镇景观系统和交通规划图

通过观景栈道、山体游步道、澜沧江水上游道和一般游赏步道的营建，提升游客游山、看水、观云的趣味性，绘制一幅景色优美，山、水、茶、人和谐共生的魅力画卷。

三、创新与特色

（一）生态优先，融汇全域

保护山水林田河生命共同体，让小镇"望得见水，看得见山，留得住乡愁"。以"自然山水"为基质，整合绿水、青山、蓝天、乡村农业、民俗文化等自然资源和文化资源，以昔归古茶园保护为核心，强化"背山、面水、观云"的规划格局，建设小镇绿色生态廊道，维护昔归山水一色的小镇生态系统。

依托非物质文化遗产（昔归茶团茶制作工艺），结合双创的内容，以创客为突破口，引入碗窑村的土陶制作技艺。把昔归小镇的茶文化产业与大区域的制陶产业相结合，带动和融汇全域的产业发展。实现"绿水青山就是金山银山"的发展理念（见图75）。

图75 昔归茶园保护构想和非遗展示图

（二）茶旅融合，创新发展

产业是小镇发展的内生动力，也是可持续发展的关键。小镇立足区位条件、资源禀赋、产业积淀和地域特征，将茶文化与产业、旅游有机融合，借助互联网、物联网、生物技术等新技术，创新发展与昔归小镇经济模式相适应的现代制造业、现代服务业，培育新业态、新模式和新增长点（见图76）。

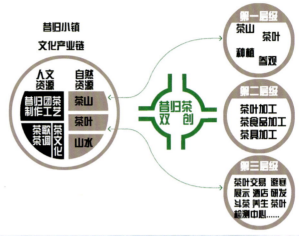

图76　昔归小镇产业链衍生图

（三）融合碰撞，功能聚合

以"一镇多片、组团布局、环线串联"的空间架构，集聚融合产业、文化、旅游、社区等多种功能，强化"产、城、人、文"四要素的融合碰撞。

1."智"与"知"的碰撞——茶叶产业区

通过"公司＋基地＋农户＋合作社"的模式，组建茶叶专业合作社，形成规模化保护和种植。以龙头企业为依托，加快发展茶叶深加工，实现从"生产""制造"到"创造"，延长产业链，并提升茶生产制造业的智能化水平。

2."艺"与"逸"的融合——商业休闲区和亲水观光区

商业休闲区和亲水观光区是昔归普洱茶小镇的文化旅游区，融合了"茶乡民宿、茶艺学校、养老闲居、产业工人居住区、茶艺博物馆、古茗商街、茶语文化街、茶艺博物馆、游船码头、临水游步道"等板块。

3."才"与"财"的张力——双创中心

双创中心是昔归普洱茶小镇的创业创新功能区，包括电商园、大学生创业园、手工艺品研发、设计园等内容。

4."藏"与"现"的调和——旅游度假片区和茶山体验片区

将"藏在深山人未识"的生态、森林、景观和遗址资源，整合成一个"大康养"的空间，为疲于奔命的都市精英提供一处乐趣与健康兼具的运动基地。

（四）因地制宜，实现低影响开发

顺应地势起伏，依山就势，分台进行建筑布局，强调建筑与山体的融合，使建筑与山地自然景观相协调，尽量保持地表的原有地形和植被，有效地保护地貌，避免大量土石方的产生，实现低影响开发。

（五）推动新型城镇化，实现乡村振兴

在"深山"里谋发展，在"创新"上求突破，在"特色"上做文章，在规划上实现"小而精、小而美、小而富、小而特"的构想。

借助小镇开发建设，带动周边村庄的经济发展，推动以人为核心的新型城镇化，实现乡村的"产业兴旺、生态宜居、乡风文明、治理有效、生活富裕"。

四、实施情况

一是土地整理已基本完成；二是玉临高速公路已建成通车，连接高速公路出入口到昔归普洱茶小镇的联络线正在推进中；三是保留了原有从临翔区至昔归小镇的老路；四是保留了施工便道，形成小镇北部道路的延伸，也成为小镇北部对外联通的道路；五是澜沧江航道整治工程已经启动；六是观云平台工程已完成场地平整3万平方米，游客接待中心已完成观景平台2个和1、2号餐厅的建设，3、4、5、6号餐厅正在抓紧建设。总体规划长10千米的沿江栈道已完成1.3千米的建设。部分半山酒店已建成投入使用，小镇入口、昔归茶博物馆、茶厂等正在推进建筑施工图和相关设计。游客接待中心、观云平台、金沙银海引水入湾等邦东昔归小镇旅游项目建设也在稳步推进中（见图77）。

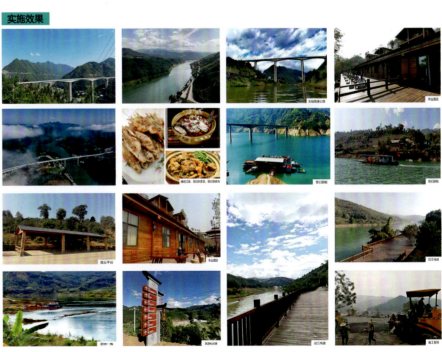

实施效果

图77 项目实施效果图

2022

云南文化和旅游规划设计
优秀成果集

详细规划类

潞江镇老石梯寨咖啡庄园修建性详细规划[1]

石梯寨位于高黎贡山东麓，西侧与高黎贡山自然保护区相邻，属于山区村寨，呈空心化特征。石梯寨所处的潞江镇因其独特的干热河谷气候，造就了全球最优质的咖啡之一——国家地理标志保护产品"保山小粒咖啡"，其在国际上斩获许多奖项。但遗憾的是，产区咖啡种植仍是以咖农为主体的"蚂蚁经济"模式，使其陷入低品质、低收入的恶性循环。随着咖啡第三次世界浪潮的兴起，品种、品质和产区成为高端咖啡绝对的王牌，"保山小粒咖啡"这个金字招牌需要重塑以提升整个潞江镇咖啡产业的话语权与竞争力。因此，在国家乡村振兴战略指引和高黎贡山国家公园建设的契机下，处于闲置状态的石梯寨迎来重大发展机遇。村庄海拔约 1800 米，是目前中国已知可种植小粒咖啡的极限海拔区域，村内文化遗存丰富，风貌保存良好，具备探索高端咖啡产业链重塑的条件，规划对落实乡村振兴战略，助力国家公园建设有着重要作用。

一、项目背景

石梯寨位于高黎贡山东麓，西侧与高黎贡山自然保护区相邻，属于山区村寨。山区村寨因距离镇区较远，目前存在村寨人员分散、农地碎片和基础设施落后等情况，经济发展一直比较缓慢，导致出现了村民搬迁离村的现象，使其呈空心化特征，村落闲置（见图 78）。

图78 石梯寨的现状

[1] 编制单位：云南省城乡规划设计院
文稿执笔人：刘雨松

当前，保山市委市政府提出打造旅游品牌化战略，全力打造"高黎贡山国家公园"。石梯寨所在的高黎贡山省级旅游度假区正以一个品牌——高黎贡山国家公园，三张名片——百花岭五星级观鸟基地、高黎贡山白眉长臂猿、保山小粒咖啡为依托，推进十五个"+旅游"体验项目，打造全域旅游新兴目的地，这为石梯寨的发展带来了机遇。

同时，石梯寨所处的潞江镇因其独特的干热河谷气候，造就了全球最优质的咖啡之一——国家地理标志保护产品"保山小粒咖啡"（见图79），潞江镇也被誉为"中国高端咖啡第一镇"，曾斩获许多国际奖项。但遗憾的是，由于政策、气候环境变化、市场竞争等诸多因素，使咖啡种植呈现以咖农为主体的"蚂蚁经济"模式，求量不求质，加之盲目引进、混栽且疏于管理，导致优质品种种植面积大幅萎缩，整个产区陷入低品质、低收入的恶性循环；咖啡产业面临缺乏标准、产业链短、生产成本高、专业化低、创新力差、品牌不强竞争力弱等现实问题。

"尤里卡"金奖　　中国农业博览会银奖　　美国有机认证

图79　保山小粒咖啡的金字招牌

随着咖啡第三次世界浪潮的兴起，咖啡市场向精品咖啡消费转型，品种、品质和产区成为高端咖啡绝对的王牌，这是一片真正的市场蓝海。保山山顶一号庄园有限公司希望通过"从种子到杯子"全链条的落地实践复兴保山小粒咖啡，重塑"保山小粒咖啡"这个金字招牌，使其经济价值和品牌价值以及战略价值得到充分体现，从而提升整个潞江镇咖啡产业的话语权与竞争力。

因此，在国家乡村振兴战略指引和高黎贡山国家公园建设契机下，处于闲置状态的石梯寨迎来重大发展机遇。村庄海拔约1800米，是目前中国已知可种植小粒咖啡的极限海拔区域，村内文化遗存丰富，风貌保存良好，南侧距史迪威公路仅 800 米，也是北侧茶马古道永昌古道南线的重要驿站之一。400 年前，徐霞客在此驻足，村内有粮仓、寨民祖坟等遗迹。景观上，日可远眺高黎贡，俯瞰大峡谷；夜可观星辰，享静谧。鉴于此，拥有极佳精品咖啡种植条件的石梯寨成为公司践行企业理念的重要载体，具备落实乡村振兴战略、实现三产融合发展、助力国家公园建设、探索高黎贡山山区闲置村落未来发展模式的重要作用。

二、规划思路

在国家乡村振兴战略指引和高黎贡山国家公园建设的契机下，笔者试图发挥闲置空心村的最大价值，保护肌理，延续文脉，保存历史，重振潞江镇小粒咖啡的金字招牌，落实乡村振兴战略，实现三产融合发展，助力国家公园建设，从而探索出自然保护区边缘山区闲置村落的发展模式。

石梯寨具有优越的资源条件，其在生产、观赏、体验、科普、情感、文化、生态和社会八个方面的价值需要挖掘整合。

生产价值方面，村庄位于精品咖啡的极限海拔，是罕有的适合阿拉比卡咖啡生长的区域，其生产种植基础条件较好，是较好的寻找精品咖啡经济和价值意义的区域。因此，村庄需要具备探索高海拔精品咖啡种植科学规律、延长咖啡产业链条、增加咖啡产业附加值、为建立行业标准奠定基础的功能，从而为推动整个潞江坝小粒咖啡的高质量发展贡献力量。

观赏价值方面，村庄可俯瞰怒江坝子，远眺高黎贡山山脊，夜晚星空明净，是绝佳的观景区域。同时，村外绿荫环绕，村内风貌良好，存在众多大树和民宅，一步一景，空间景观效果甚好。这就需要围绕整个村庄的自然台地和观景视廊，打造休闲舒适的观景民宅、观景平台、观星视域，同时实现基地的景观化种植，建设魅力的山居乡村。

体验价值方面，村庄距离城市较远，位于较高的山麓，背靠高黎贡，拥有宁静的生活环境、丰富的历史，良好的生态，这样的环境契合了当前社会对于休闲价值的需求，为提供高品质的乡居环境提供了保证。因此，村庄需要顺应回归田园式原乡生活的诉求，追求高品质的精致生活体验，打造脱离世俗，富含人文、历史、慢生活内涵的乡居氛围。

科普价值方面，企业通过精品咖啡的高质量种植，完成从种子到杯子的产业链延伸，具备面向区域乃至全国进行高品质咖啡技术推广的功能，同时也能通过技术的改进惠及潞江镇的咖农。因此，村子需要利用民宅进行改造，设计促进思维交流的创新空间，兼具学习、推广、教育、培训等功能，将咖啡的高质量经验标准化，在技术储备和经验转让上发挥足够的作用。

情感价值方面，村庄天然的环境和文化氛围能够满足人对自然的追求和对文化的向往，企业也倾注足够心血将村庄以一个艺术品的姿态进行精心打造，使其能够兼顾不同层次人群的内心情感需要，让村庄充满人情味和历史味。因此，村庄在情感上需要注重打造朴实、自然的人文情怀，融合亲子、康养等理念，通过摄影、展览、绘画等活动建立村庄与人心的情感纽带。

文化价值方面，村庄紧邻史迪威公路、茶马古道，也曾是徐霞客驻点村，村内建筑保留了石梯寨传统乡建的肌理和营造方式，体现了村庄生产生活的智慧，文化内涵丰富。因此，我们要充分保护好村庄肌理和现状民居，挖掘历史典故，弘扬村庄历史人文价值，建设文化展览馆，体现对原村民的尊重。

生态价值方面，村庄周边生境良好，绿荫覆盖，紧靠自然保护区，生物多样性丰富，村内大树葱郁，枝叶茂盛，形态优美，同时天然的气候条件具有避暑作用。这样的环境要求规划需从严保护村内古树和周边生态环境，发挥生态价值、气候环境对人的健康作用，通过各项措施建设绿色、低碳的村庄，尽最大努力减少对环境的干扰。

社会价值方面，村民与企业签订了土地流转合同，发挥了土地的价值，企业入驻村庄一方面可以激发村庄的活力，另一方面也能带领村民脱贫致富，增加技能，具备较好的社会效应。因此，在劳动力方面，企业可以吸收原住民融入咖啡产业链，为庄园提供产品和服务，促进增收致富，也能为地方创造价值。

石梯寨需要转变发展模式，以咖啡种植为切入点，以精品咖啡生产为基础，以地域生态文化特色为背景，以休闲旅游康养为外延，以营造世界一流咖啡品质为目标的兼具生产、生活、生态、文化多重功能的文旅农结合的精品咖啡庄园。

我们要将其打造为中国的"翡翠庄园"，以朴实、自然、人文为理念构建中国咖啡原产地产学研学基地，成为乡村振兴、三产融合的典范项目，兴农助农，构建现代农业产业体系、生产体系、经营体系，为探索自然保护区边缘山区闲置村落发展做出示范，在生态保护、文化保护与利用、融入和服务高黎贡山国家公园建设上寻找村庄未来的发展模式。

（一）充分融入高黎贡山国家公园建设，功能互补，打造史迪威公路游线上重要节点

依托高黎贡山国家公园建设契机，强化区域协调，联动国家公园，充分让庄园融入史迪威公路徒步游线节点中去，走差异互补发展路线。借力国家公园带动庄园，让庄园作为国家公园的有效补充，完善庄园的辅助性服务基地和互补性拓展旅游区的角色，建立更加有效的区域协调发展新机制。强调庄园与史迪威公路、茶马古道、徐霞客、高黎贡山、咖啡休闲、慢生活、观星、观鸟、民族技艺、村史等地域文化的深度融合，使"低消耗高附加值"的文创产业在庄园得到激活，形成活态化和常态化的文化展示体验功能，构建深度文化认知的原乡情感，形成区别于一般区域的高山原乡"文创"平台，形成高黎贡山国家公园自然文化的补充。

（二）协调好开发与保护关系，强化生态保护和修复，尊重自然原貌和庄园肌理

以"低强度、低冲击、低干扰式开发"的方式推动庄园建设，保护庄园赖以生存和发展的生产、生活环境，保护庄园自然肌理、村中老树、历史民宅和村民墓地，尊重村民历史信仰和民俗，充分利用现状农舍，用"朴实、自然、人文"的理念实现全村环境氛围的高品质化，采取低强度、低冲击、低干扰式开发，在满足基本功能需要的情况下最小化改造庄园，尽最大可能保护庄园原乡风貌、历史建筑和空间场所，在基础设施改造、建筑改建等方面引入现代化绿色生态措施建设低碳庄园，完善庄园路网结构，增补生产设施、基础设施和

服务设施，防止环境污染。

（三）强化庄园内涵发展，从传统农业种植向三产融合的庄园式精品发展转型

提质咖啡生产，延长产业链条，建立绿色标准，实现三产融合，助力乡村振兴，促进农民增收。利用庄园所处区位和海拔优势，生产高品质咖啡，形成可推广的标准化生产基地和精深加工基地，做好品控，形成企业品牌和质量控制体系。依托庄园基础和文化内涵，挖掘庄园潜力，按照适度比例配置商业、住宿、文娱、展示、餐饮等功能，强调三产深度融合发展，与农民建立产业共同体，通过多种手段促进农民增收，实现乡村振兴。具体包括：

1. 纵向延伸，健全和完善咖啡产业链条

延伸咖啡产业链条，按照现代化生产的要求，在纵向上推行产加销一体化，将咖啡生产、加工、储运、销售等环节链接成一个有机整体，实现城市和乡村、现代工业和农业的有效联结，打造现代农业产业体系。重点推动咖啡业转型升级，降低物流成本，促进 B2C、O2O 等电子商务发展，加强咖啡品牌建设。通过一系列积极行动，健全完善产业链、就业链、价值链，提高咖啡产业的综合竞争力和效益。

2. 横向拓展，挖掘庄园价值创造潜力

整合庄园资源，融入高黎贡山旅游度假区全域旅游，结合自身优势发展休闲度假、文化体验等功能，使其成为促进品牌增值和农民就业增收的新亮点。最大限度地提升庄园的价值创造能力，以精品咖啡资源为依托，在景观、生产、消费、住宿、疗养、度假、观赏、品尝、参观、体验、休闲、娱乐、学习、购买等方面推陈出新，满足客户随着收入的增长和休闲意识的增强所不断增长的新的消费需求，真正实现绿水青山就是"金山银山"。

3. 深度融合，提升产业整体发展水平

促进庄园发生产业渗透、产业交叉和产业重组，激发产业链、价值链的分解、重构和功能升级，引发产业功能、形态、组织方式和商业模式的重大变化。

（1）发展新商业模式。延伸产业链，推进与旅游、教育、文化、健康养老等产业深度融合。完善配套服务体系，形成咖啡加工集散、物流配送、会议会展、休闲度假、文化体验等多种功能商业模式。

（2）发展新技术。引用现代技术，发展绿色农业、绿色旅游、绿色建设、绿色经营。建设咖啡绿色标准体系，推进咖啡品牌影响力，引入生态建设技术和低碳旅游理念，实现庄园循环生态产业链构建。

（3）发展新业态。实施"互联网＋石梯寨＋咖啡"，推动科技、人文等元素融入园区，发展农田艺术景观、创意农业。探索咖啡个性化定制服务、农业众筹等新型业态。

4. 创新制度，让农民成为共享利益的主体

产业融合发展要完善农业产业链与农民的利益联结机制，让农民共享三产融合发展的增值收益，密切企业与农民的利益关系。响应国家乡村战略，以企业为龙头，带动整个咖啡产业链的价值提升，探索农企合作的"OEM"合作模式，通过企业输出标准—农户自主管理—企业保障"收购＋优先用工＋增益分享"的新型产业端合作的利益共同体模式，各个环节各司其职，资源共享，共同生长，从而建立乡村发展的长效机制。

总体布局上，规划依托村寨的土地资源条件、文化遗存分布、闲置民居、生态植被、交通区位及产业发展方向，形成"一核、三片、多点"的布局结构（见图80），村寨外围区域用作果蔬、核桃、咖啡和茶叶的种植。"一核"指依托庄园中部台地形成的整个庄园公共服务和活动的核心，包括寨中心广场、VIP 停车场、接待中心 & 艺术馆、咖啡科普中心 & 人文地理馆、咖啡博览园等。"三片"即围绕核心形成的西部、南部、东部片区，西部片区重点依托农宅形成传统民居体验功能；东部片区除传统民居体验外，设置部分咖啡加工区域；南部片区以咖啡种植为主。"多点"即围绕庄园功能和游览线路，形成多个视觉景观点和功能点，包括崖壁美术馆、霞客亭、石梯寨祖坟地保护区、观景台等。

图80 村庄详细布局总平面图

三、项目突出亮点

（一）针对自然保护区边缘山区村寨空心化趋势，探索以生态保护为目的的村寨发展模式

针对自然保护区边缘山区村落距离镇区远、交通受限、农地碎片、经济发展缓慢、农民收入低大量搬迁离村、基础设施落后、风貌破损、空心化、村落闲置等问题，通过深入研究村庄所在区域的比较优势产业，顺应时代发展趋势，找准村庄的优劣势，变废为宝，充分利用村民未退出、腾挪的宅基地和农地创造价值。重新发现村庄在经济、文化、历史、生态等方面的潜力，相互融合，再次激活村庄，使农民获益。依托国家土地制度改革红利，放活土地经营权，引入企业与村民签订土地长租协议和雇佣协议，实施土地"三权"分置，

使企业有恒心和信心，使村民有希望和收入，通过"企业＋村民"的方式，实现村寨庄园化，三产融合发展，拓宽农民增收渠道。

（二）充分尊重和保护村庄生态和文化，重塑村庄人文内涵，创新文化发展思路

规划将村庄内的自然植被、石板路、古坟、粮仓、民居等自然和人文资源全部保留，并相应建档成库，保护好每一户原村民与村庄的历史，并通过设立自然教育中心、咖啡科普中心、人文地理馆、观星营地、祖坟保护地、崖壁美术馆、霞客亭等设施使其与国家公园、高黎贡山生物多样性、咖啡休闲文化、茶马古道、徐霞客、史迪威公路等自然地理、人文历史要素相呼应，坚持在保护环境和历史文化的前提下实现村寨的可持续发展，活化文化，强化文化，塑造特质明显的文化名片。

（三）营造"古道驿村"的村寨风貌，形成质朴的乡村艺术景观

规划挖掘石梯寨的基本内涵，保护环境，摒弃精致和人工造景手法，通过现代与传统的对比体现村庄的生长和更新，呼应庄园主题，就地取材、因地制宜，总体营造"古道驿村"的景观风貌环境，使其既能体现史迪威、徐霞客、茶马古道、咖啡历史文化，也能展现传统乡村特质空间和环境景观，以"俗"为美、以"陋"为美，营造质朴的乡村艺术景观。

四、项目实施成效

目前，庄园已按照规划进行了基础设施改造提升（见图 81），优先开展了咖啡育种培育工作，村庄原始环境和脉络得到最大限度的尊重和保护，周边的生态环境明显改善，村庄的原村民均得到了 30 年的长效租赁款，部分村民成为企业雇员，收入稳步增加，庄园的产品也逐步销往东部沿海地区，品牌逐渐打响，区域活力得到激活，高黎贡山南侧游线资源得到丰富，乡村振兴战略逐步落实。

图81　村庄改造实施情况

丽江市玉龙县宝山乡石头城保护性详细规划（2022—2035 年）[1]

在乡村振兴战略背景下，作为中国乡村地区历史文化及环境要素的重要载体，传统村落的保护与利用是推动地区乡村振兴的重要抓手之一。本次项目以丽江市玉龙县宝山乡石头城保护性详细规划编制实践为例，探索国土空间规划背景下的保护性详细规划编制思路，同时推动民族文化传承发展与旅游产业的深度融合。规划编制团队面对传统村落的保护与开发，进行全方位统筹思考。一是布局整体层面的村落保护与发展目标；二是落实微观层面的保护修复与开发建设内容，形成一个指导石头城未来村庄保护与开发利用的保护性详细规划成果，使得纳西族隐性的非物质文化和显性的历史遗存得以传承与发扬。

一、规划背景

丽江市玉龙县宝山乡石头城村（以下简称"石头城"），坐落于云南丽江市东北部金沙江峡谷，因其建在一块隆起的天然蘑菇状岩石上，依靠地貌特点形成了一套完整的防御体系，故名为石头城（见图82）。石头城为纳西族千年古寨，是我国极少数保持原始状态并以石头为材料构筑的古村落。作为丽江地区纳西文化最早的发祥地、最偏远的定居点、最原真的传承地，同时也是大滇西旅游环线核心区的重要节点，石头城极具历史价值和旅游价值。先后被评为云南省重点文物保护单位和全国重点文物保护单位，是云南省第一批列入中国传统村落名录的 62 个古村之一。本项目面对传统村落的保护与开发，进行全方位统筹思考，在依法合规的前提下，明确石头城的规划目标，梳理石头城的保护与更新利用的发展思路，形成一个指导石头城未来村庄保护与建设的保护性详细规划。

图82 石头城航拍全景

[1] 编制单位：广东国地规划科技股份有限公司
     文稿执笔人：李春辉、张淑娟、王欢

二、规划要点

（一）实现村落文化传承

（二）保护村落传统风貌

（三）保证旅游的可持续发展

三、规划思路

（一）以保促用

（二）复原传承

（三）更新利用

（四）发展反哺

石头城目前产业发展较为薄弱，仍以传统种植业为主，辅以简单的旅游服务功能，经济发展落后，加之基础设施、公共服务设施的缺乏，大多数青壮年选择外出务工，石头城内的主要生活群体为老、弱及妇女儿童，部分民居因常年空置导致建筑年久失修，逐步成为危房。石头城作为传统村落，其承担着传播文明、推动历史文化教育等重任，然而人口流失导致劳动力缺乏、生产动力不足，石头城传统村落景观维系与文化传承面临巨大挑战。

从旅游角度来看，石头城内整体人居环境令人担忧，如牲口粪便随处可见，没有完善的垃圾收集、排水设施等卫生管理系统。如何在旅游发展和改善村民生活服务配套的前提下，既不破坏石头城原有风貌，同时实现石头城保护与旅游发展双赢的目的，是本次规划的难点之一。

伴随区域旅游环境提升和相关产业发展，石头城独特的景观特征及其周边优质的旅游资源必然会吸引大量游客，但是在历史文化资源保护客观现实的制约下，需严格控制石头城的旅游环境容量。因此，如何协调保护与旅游开发的关系，是保护与旅游开发策略制定过程中必须慎重研究的问题。

对于石头城的村民而言，文化和历史传承固然重要，可位置偏远，交通不便，地势复杂，耕种困难所带来的经济收入低下，也是村民不得不面对的窘境。针对村民迫切的经济发展诉求和文保单位开发条例限制之间的现实矛盾，本次规划进行了深入的研究探讨。石头城规划要加大对文物资源的保护及活化利用力度，大力发掘历史文化内涵，进一步带动当地旅游经济的发展，提出四个方面的规划思路：

一是精细化建档定界保护文物资源本身，二是完整保护文物资源周边环境，使"被遮掩"的文物重现身姿。

修复一些"只留其名，不见其形"的文物，以待展现更多的人文资源。

在充分遵守相关保护条例要求的前提下，以恢复原真性为首要任务，同时通过盘活村内闲置建设用地、民居、空间等，融入乡村旅游发展要素，设置不同类型的旅游产品体系，进而增加村内就业岗位，扩大村民经济收入来源。

整合区域文保资源，建立文物保护的共享机制，提升旅游可持续发展意识，发掘文物的文化内涵，建立旅游发展反哺文物保护的良性循环。

在上述思路指引下，本规划基于对石头城现状分析、文物保护政策的研究，全面落实上位规划，遵循"三区三线"、保护紫线等约束性规范，从文物保护利用的角度，严守文物保护红线，管控引导更新利用，探索历史村落的乡村振兴示范。将保护修缮、文旅引导、建设控制、人居环境等内容作为规划重点（见图**83**）。

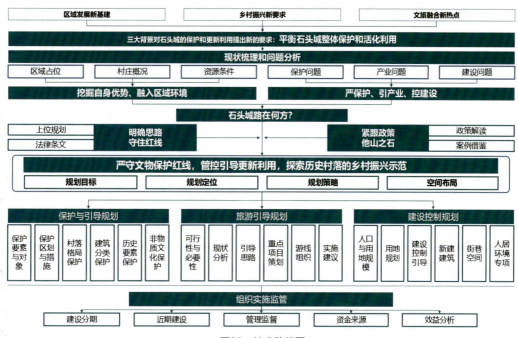

图83　技术路线图

四、规划定位与规划布局

（一）规划定位

通过对石头城进行内外部环境分析，结合当前与未来发展需求，在梳理石头城发展特色的基础上，确定石头城总体定位为：纳西乡村历史文化遗产地，高端精品乡村度假目的地。

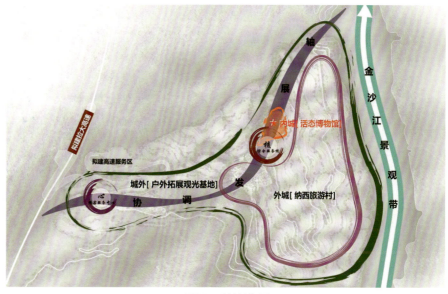

图84　功能结构图

（二）规划布局

规划形成"一核一心一轴三圈层多节点"的规划结构（见图84）。

1.一核
内城活态博物馆

2.一心
游客服务中心

3. 一轴

协调发展轴

4. 三圈层

（1）核心圈层（内城）。内城历史遗迹，传统建筑，石器用具以及民俗人文为项目核心吸引力。以保护历史文物，完善村民生活配套设施为主，构建以内城为核心的文化休闲聚集地，传承历史风貌，优化村民生活。

（2）延展圈层（外城+梯田）。外城以服务接待为主，结合纳西人文风情，田园风光，构建休闲特色乡村度假地。以完善村民公共服务场所，旅游服务接待设施为主，植入多元业态，健全乡村生活圈，承接内城外溢游客。

（3）联动圈层（服务区+码头+太子关+村落）。以区域交通为串联，服务区和码头为联通核心，完善沿途旅游服务接待设施，整合周边旅游资源，构建区域生态旅游环线。依托太子关、金沙江、滴血求子洞、克灵溶洞等自然景观打造"太子关探秘"旅游线路产品。

5. 多节点

多个服务配套子项目

五、编制工作的规划要点

（一）保护更新利用

规划对石头城村域内具有民俗特色的村庄格局（街巷、院落、建筑）以及代表性的历史环境要素（烽火台、城墙、城门、古树名木等）、山水格局（山水林田）、非物质文化遗产（民俗节庆、手工艺、歌舞）等进行明确保护，针对不同的保护要素采取不同的保护措施。同时，将区域划分为核心保护区、建设控制区、环境协调区三大区域，并明确每个区域的保护要求。

村庄格局主要以街巷、院落、建筑为主。规划中明确贯穿内外城的主要街巷，对内城的三条巷道和外城的八条巷道在规划中应予以重点保护，宽度基本维持不变，在有条件拓宽的位置及道路沿线有堆积杂物的区域，进行集中清理。院落保持现有传统院落组合方式，以"一"字形、平行院落、"L"形院落、"C"形院落为主，新建或改建建筑院落组合方式应与传统院落组合方式一致，不得擅自进行拆建、新建、扩建活动，应当保持或者恢复原有空间格局、尺度和景观特征。建筑则根据翔实的现场踏勘，标注编号，对整体建筑进行分类评级，分为建议历史建筑、传统风貌建筑、与传统风貌协调的建筑、与传统风貌不协调的建筑，并针对分类提出相应的保护修缮引导措施。

1. 对石头城内建筑分四类评级进行整治引导

（1）历史建筑。依据文物保护法和相关保护条例要求进行保护：按原有结构不动，采取保护修缮的措施。

（2）传统风貌建筑。根据建筑的不同情况，采取改善更新、活化利用等方式，进行原貌维护、检修，局部修饰和更新。

（3）与传统风貌协调的建筑。采取改善更新的方式，对于局部外观不符合或缺少传统建筑装饰元素的建筑，改善其建筑的外观风貌特征。

（4）与传统风貌不协调的建筑。采取改善更新、拆除、新建的方式。

2. 对石头城内部闲置的空间提出活化利用引导

（1）服务设施配套引导。通过对石头城内部的闲置民居进行梳理，选取部分民居引导改造为休闲农家民宿、纳西风味餐馆、老年活动中心等具有服务配套功能的空间场所。

（2）非遗文化展示空间。依托纳西族节日、习俗、音乐、手工艺品、民族服饰等资源，规划纳西文化展览馆、纳西传习馆、纳西乐坊等具有观光、体验等功能的文化展示空间，向来往游人科普展示石头城独特的纳西文化。

利用石头城内开敞空间，对现在的活动广场进行提升改造，在符合村民日常生活需求的功能配置下，还要考虑空间环境品质和场所氛围，满足多元主体需求，活动广场既要承载体育活动、日常休憩及生产生活等功能，还要体现主要节日举办活动演绎、凝聚村落族群的作用。

3. 对石头城内的非物质文化遗产进行保护引导

对石头城内开展周期性非物质文化遗产普查与确认工作，提出非遗名录体系建设；利用多种途径收集、寻找石头城非遗实物或技艺手工人，加强非遗传承人、非遗实物、技艺等方面的保护；利用多种媒介和举办多种活动，让社会公众了解石头城非遗文化，利用多种宣传阵地和活动形式加大非遗研究及宣传力度。

（二）建设控制引导

落实"多规合一"，体现实用性。优化村庄建设边界，合理布局建设用地，对村内开敞空间、绿地空间、道路广场及构筑物提出设计思路和设计方案，指导后续近期建设。通过对人口规模、建设用地进行预测，确定村庄远期发展建设用地规模。同时，对建筑高度、色彩、风貌、材料等进行管控（见图85），明确核心保护区、建设控制区、环境协调区的建筑控制要求。对红线、蓝线、紫线等均有相应的划定说明及控制要求。

核心保护区内，主要控制建筑形态，不得改变原有建筑的尺寸、外观风格，保持纳西族建筑三段式风格，同时控制建筑高度、色彩、材料等，并明确要求不得新增民居建筑。

核心保护区外，主要以公共设施和民居建筑控制为主，允许新建建筑，但要符合相应的建筑管控要求，建筑风貌需与石头城传统风貌相协调。

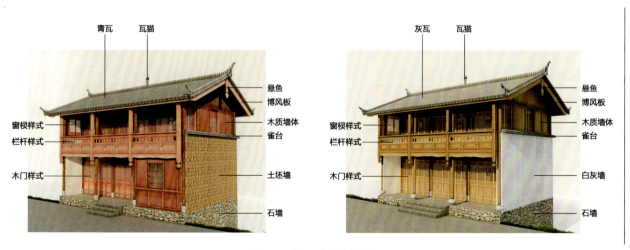

图85　建筑风貌管控引导图

同时在规划中对周边山体、梯田进行强制性保护，强调其生态背景。石头城所在巨石山体应移除近年来所种植的影响石头城原有风貌的植物，恢复承载古村的蘑菇状巨石特色；梯田种植作物类型也是石头城村重要的农业遗产，须保持传统耕作种类，避免外来物种造成乡土作物的基因污染，禁止用作农耕外的任何用途，严格控制抛荒、种植大型乔木等行为。

（三）人居环境提升

改善人居环境，完善基础设施。对石头城卫生设施、照明设施、道路设施、公共空间规划设计、公共服务设施规划、市政工程规划等方面均作出规划说明。针对地质隐患、消防安全，提出系统规划；针对现存影响环境风貌的太阳能、空调、裸露管道、电杆线缆等提出整治措施，提高石头城内人居环境质量；规划结合石头城现状公共服务设施，以旅游景区的标准，完善公共服务设施，保留原有行政设施宝山村委会、石头城村委会，增加警务、卫生室等，在文化设施上，保留原有烽火台、众将台、文化广场、活动广场、种子银行以及活动室等设施，结合旅游发展诉求，增加部分商业、旅游服务设施。

（四）文旅产业策划

基于石头城环境容量和游客容量分析结果，对村落发展乡村旅游进行可行性分析。在保护的前提下，构建合理的产品体系和重点项目，同时完善旅游服务配套，与周边景点进行联动。基于村庄资源条件和现状基础，明确石头城村两大核心吸引物，即石头城和太子关。结合当下文旅融合大背景和旅游市场热点趋势，本次规划建议石头城未来文化旅游目标方向选择如下：民族地区文化遗产地文旅融合示范地、滇西旅游大环线的重要节点、区域乡村振兴的引擎项目。

1. 主题形象定位

云上石头城，宣传口号：天险太子关，云上石头城。

2. 客源市场

丽江石头城等区域旅游目的地游客分流、滇西旅游大环线和金沙江游线的游客分流、玉龙本地游客及周边石头城、宁蒗县区的游客。

3. 客群市场

太子关徒步露营的户外拓展客群、石头城休闲度假的乡村度假客群、生态和文化相关的研学科考客群、民俗和历史文化的文化体验客群。

基于石头城和太子关两大吸引物，形成户外拓展、科考研学、乡村度假、文化体验四大旅游产品体系。

结合未来文化旅游发展思路引导，策划石城驿站（游客服务中心）、石城码头、石城恋歌（文化广场）、石城往事（烽火台）、石城商街、石城农园、民宿集群、太子关徒步线路八大重点项目。

依托项目布设点，规划三条主题旅游线路。

1. 户外拓展游线（两日游）

探索山水秘境，游赏太子关、金沙江自然生态景观。前期重点内容：联络户外运动协会，建设徒步线路和帐篷营地等。

2. 研学科考游（一日游 + 两日游）

研究滇西历史变迁、纳西民族遗存，探索区域独特生态环境特点。一日游主要为石头城历史研学科考；两日游主要为太子关生态科考。前期重点内容：对村内部分文物进行抢修性保护，建立保护机制，建设相关保护设施，在太子关建设环境监测系统。

3. 休闲度假游（一日游＋两日游＋三日游）

石头城村庄纳西文化休闲、生态观光以及云上石头城精品度假。一日游主要为乡村休闲观光游，两日游为乡村休闲度假游，三日游为乡村深度体验游。前期重点工作内容：村庄纳西民俗文化的整理和闲置用地的整合，为后续民俗文化体验产品和民宿等业态植入做准备。

六、规划分期

规划期限为2022—2035年。其中，近期规划期限为2022—2025年，主要针对石头城村落保护与引导、村落更新与利用制定近期建设项目库。

（一）村落保护与引导

针对石头城现状保护存在的问题，按照上位规划以及保护条例的要求，制定保护修缮措施，完善石头城文物保护制度。保护石头城传统村落代表性历史建筑、街巷、公共开敞空间、古树名木、遗址遗迹以及非物质文化遗产，维护文化遗产形态、内涵和村民生产生活的真实性，保持传统文化、生态环境、经济发展的延续性。

（二）村落更新与利用

以提高人居环境为目标，优化公共服务设施配套，完善市政基础设施建设。在"不大拆大建，就地改造提升为主"的原则指导下，充分考虑公共服务设施、市政设施、道路系统、绿化景观、综合防灾、重要节点建设等内容。不仅在功能上满足了村民生产生活的需求，还在旅游服务上突出特色，达到旅游接待的功能，保护了村庄的原始风貌，传承了地方历史脉络，重现了村庄价值（见表3）。

表3　近期规划项目建设表

序号	项目分类		项目名称	项目概述
1	近期规划项目表	村落保护与引导	历史衡巷保护项目	针对古村落格局、街巷建筑风貌、原石铺地、景观要素保护修缮
2			公共开敞空间保护项目	针对石头城内部的开敞空间（文化广场、活动广场等）保护修缮
3			自然生态与景观环境保护项目	针对石头城整体自然生态环境（地质问题、周边自然环境）存在的问题进行修缮
4			建筑分类保护与整治项目 历史建筑保护项目	针对石头城遗存的石屋、石器家具等进行保护修缮
5			传统建筑保护项目	针对纳西族村落建筑风貌民居三段式建筑以及建筑装饰进行保护修缮
6			建筑风貌特征引导项目	针对现状建筑风貌不符以及部分不符的现代建筑进行建筑风貌统一化整改
7			城墙保护修缮项目	针对石头城城墙的现状问题进行保护修结
8			历史环境要素保护项目 南城门保护修缮项目	针对石头城南城门的现状问题进行保护修缮
9			东门保护修缮项目	针对石头城东门的现状问题进行保护修结
10			烽火台、众将台保护修缮项目	针对石头城烽火台、众将台的现状问题进行保护修结
11			传统文化与非物质文化遗产保护项目	针对与纳西族文化内涵、民族节庆、饮食、曲艺、手工艺品等现状问题进行宣传保护

续表

序号	项目分类	项目名称	项目概述
12		公共服务设施提升项目	针对现状医疗、安防等公服设施进行系统化提升，达到景区要求
13		市政设施提升项目	针对现状排水、供水等市政设施进行入地改造，美化人居环境
14	道路系统整治提升项目	内部道路整治提升项目	针对石头城内部道路存在的现状问题，实施道路拓宽、美化、亮化等
15		城外旅游观光车道修建项目	新建城外入口停车场新建三条旅游观光车道
16		绿化景观提升项目	内城的道路、闲置用地、宅前屋后的景观建设
17	村落更新与利用	综合防灾提升项目	结合现状消防水池完善内城外城的消防设施，包括消防管网的入地改造、居家灭火器的配置、防灾疏散标识牌的设立
18		村委会游客服务中心建设项目	在村委会新建游客服务中心，作为链接服务区至石头城景区的重要节点，提供游客集散，接待，医疗，导游等服务
19		外城帐篷营地建设项目	在石头城外城新建帐篷营地，包括半山酒店、帐篷营地、中心广场等配套设施
20	重要节点建设项目	外城入口停车场扩建项目	原有现状停车场改扩建，沿山体一侧增加停车位布置，另外一侧提升原有观景平台整治，结合入村游客服务中心、公厕、旅游观光车站形成综合性旅游服务点。
21		外城村民活动广场改造项目	在原有场地空间的基础上更新活动设施，增加民族文化元素置入。成为民族演艺中心与民族活动广场
22		外城中心广场改造项目	广场以及广场周边的闲置开敞空间，将公共空间物质环境建设与传统文化的传承结合起来，形成连接内城外城的中心广场
23		内城纳西农耕园建设项目	纳西农耕园的设计结合社区"种子银行"建设区块化种植示范田
24		内城元跨革囊建设项目	利用内城闲置用地打造涌泉景观节点

(表左侧竖排：近期规划项目表)

备注： 本次保护与发展专项详细规划近期规划项目表属于石头城建设管控导则，项目建设要单独报批。

七、项目思考

首先，本次规划融合了传统村落保护规划，产业（旅游）发展规划，用地规划以及指导建设的控制性详细规划等多个规划内容。规划以开发控制为主，包括保护、利用、修复、更新、发展等全方位的管控模式，提高规划的科学性、权威性和可操作性，对现行规划管理体系的补充和完善具有重要意义。通过本次规划，在改善乡村环境，盘活闲置资源的同时，实现对丽江宝山石头城文保单位的保护更新利用，进一步构建了其"内观山水，外看城"的景观格局，激活了传统村落的振兴动能，以有限空间实现高质量发展。

其次，探索详细规划在云南省全面实施乡村振兴战略背景下，如何保护、传承和活化利用传统村落的资源，助力区域乡村振兴发展，是云南乃至全国的传统村落保护与利用中面临的共同问题。需要根据不同区域的情况，因地制宜、灵活制定传统村落发展思路。

最后，乡村旅游是乡村振兴的基石，也是引领乡村经济发展的新风向标。在保护修缮原有传统村落风貌的基础上，依托村落自身的传统文化资源，依法合规地置入一定的文旅项目，能够引导传统村落优化村内环境，修缮历史遗址，增加就业岗位有利于推动石头城产业转型升级，实现生态、文化和经济发展的良性循环。

专项规划类

板桥镇青龙街历史文化街区提升保护规划 [1]

历史文化街区是城市历史发展中的历史记忆与文化载体，完整且丰富地表达着一定历史时期的生活内涵和空间形态，承载着地方传统的生活方式和社会结构，其与当地民生关系密切，但环境多样复杂，在过去十几年间的实践和反思中，已经证明以政府或开发商为主体，大拆大建的改造和重建无法适应新的发展模式和民生诉求，"小尺度、渐进式"的规划和开发模式逐渐成为历史地段保护再生的积极导向。项目以"对历史遗产负责和对每个居民的生存环境负责"为原则，积极探索多主体参与的分级管控体系，以整体性的保护策略，修缮历史建筑、修复历史构件、再造功能空间、升级公共服务、活化人文历史，对新时期历史文化遗产的保护与传承实践具有良好的示范价值和意义。

一、规划背景

"丝路驿站古道板桥，千年集市人文青龙"。在云南保山市隆阳区，有一条千年老街，是"南方丝绸之路"上的重要驿站，板桥古镇的核心。老街从形成集市至今已有 2000 多年的历史，在这里，喝一杯老茶、听古道故事、逛非遗小店、感受永昌文韵……新老文化在这里相互交融，迸发新的活力。

青龙街位于保山市门户地带，地处"永昌文明"的核心地带，是南方丝绸之路永昌古道上的重要驿站，有"迤西第一大集市之称"。街区全长 731 米，始建于明代洪武年间，清乾隆年间更名"青龙街"，取"以龙治火"之意，并建魁星阁祭祀祈福。民国时期发展为区域商品加工集散中心，鼎盛时期有店铺 200 余间，各行"堂、店、号、记"大量涌现，形成了前店、后院的格局。抗战时期作为大反攻的指挥中心和物资供应的基地，发挥了重要作用。今天仍为集市，虽不复当年繁华，仍保留了较多传统商业店铺、民居及历史遗迹，是丝路文化和丝路精神的珍贵遗产。

特殊的地理位置和驿道历史，赋予青龙街"临街为市"的经济角色，凝聚着独具地域特色的建筑文化、商铺文化和马帮文化。青龙街的复兴，对于板桥古镇文化传承、区域经济发展、居民生活改善有着极为重要的意义。

二、规划思路

历史街区量大面广，与民生关系密切，环境多样复杂。项目总用地规模 11.6 万平方米，731 米主街总建筑面积约为 3.79 万平方米。更新前，面临着基础设施简陋老化、房屋失修失养、空间和功能陈旧，商业动力衰败的发展困境。

设计立足街区历史文化和活态社会现状，本着"对历史遗产及居民生存环境负责"的原则，兼顾保护与发展，以形态类型学方法对青龙街物质空间特征和居民生活状态的诠释与认知为基础，以整体保护模式、弹性管控机制进行适

[1] 编制单位：云南省设计院集团工程投资有限公司
文稿执笔人：杨涛、金彤彤、普柬

应性更新保护，达到街区风貌再现、民生改善、活力提升的目标。通过保护与修缮历史建筑、再造功能空间、修复历史构件、升级公共服务活化历史人文，将百年前包罗万象的丝路驿站，打造成为永昌城市怀旧和深度旅游的人文游憩中心。

三、突出亮点

项目分别从弹性管控机制、风土谱系的解读、历史遗产活化三大方面进行了有效的探索与创新实践。

（一）弹性管控：多主体参与的分级管控体系

街区历史建筑破败、居住品质低下、产权构成复杂、居民意愿不一，这些问题既不利于板桥百年古镇的文化传承，也给周边居民的生活带来了极大不便。而不同主体对街区更新在功能、成本、风貌等各方面都有着不同的诉求，使得大拆大建的改造和重建无法适应新的发展模式和民生诉求，因此探索多主体参与的更新模式成为本项目的重难点之一。

1. 分级管控体系

与此相适应的，设计立足不同主体的多元需求，通过示范区制度和微更新图则的建立，将青龙街划分为核心保护区、建设控制区与风貌协调区，实施分级管控（见图86）。

（1）在核心保护区内，笔者选取了一段作为示范区，由政府主导实施，进行"自上而下"的改造和建设。根据相关历史研究成果，示范区恢复传统建筑和景观的形制特征，并且引入新功能，重塑场所精神，对街区更新有重要的引领和示范作用。

（2）在其他区域，以微更新图则为规则，示范区为母版，通过公共服务设施的完善和居住环境的提升来鼓励民间资本的介入，推动居民"自下而上"的自我更新。

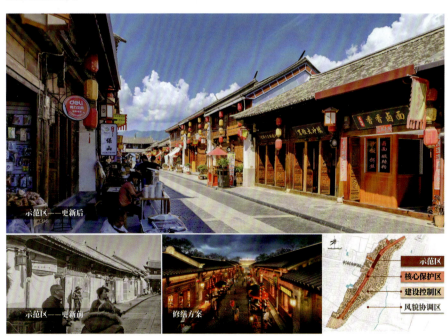

图86　多主体参与的"分级管控体系"

2. 示范区制度

示范区共包括居民 54 户，根据相关规范与示范区民居现状，将街区内建筑分别采用维修、修缮、整治三类对策进行更新，并进行了一户一策的"精细化"设计，通过小规模、渐进式、点触式的改造进行活化与更新，保留街巷宽度、走向与建筑的肌理关系，延续市井肌理风貌，也为其他区域提供了指导和示范（见图 87）。

（1）维修：针对传统建筑中形态较完整、风貌较好、建筑材质均为原有材质的民居进行保留。对其进行原址保留保护，整体外观、结构均保留其现状。可对其墙体与房梁进行加固，保护其稳定性，对破损的瓦片加以修复，对木构件进行防虫防腐处理。

（2）修缮：针对传统建筑形态相对完整，风貌保留较好但有一定的破损的民居进行局部修缮。修缮、补配沿街建筑中损坏的木墙面、木质门，恢复其原始风貌，所有木构件做防虫防腐处理后刷桐油，补配及修补处理。

（3）整治：针对青龙街内部不协调元素的建筑采取改建、局部的改造、拆除等措施，使其保持青龙街整体风貌的统一。

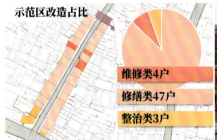

图87 示范区的"精细化"更新策略

3. 微更新图则

微更新图则包含了优化空间布局、活化历史资源、提升旅游服务水平、完善基础设施、改善居民生活、建筑更新导则等方面的内容（见图88）。重点对青龙街的建筑风貌、街区色彩、室内环境、灯光亮化系统、消防系统、景观空间进行了专题设计并形成了《青龙街建筑风貌控制导则》《青龙街室内装修控制导则》《青龙街消防设计导则》等一系列设计指导方案。另外，还对于绿色植物的搭配进行了选取，主要采用本地植物，兼顾乔木、灌木和草地的搭配；对整个街区的标识系统进行了统一设计；对亮化照明和配套服务体系也做了专题研究与设计。旨在为街区更新与发展提供可持续的具有操作性的指导，在城市历史地段的形态重塑和肌理修补工作中具有重要意义。

室内设计导则

较大规模　中等规模　较小规模

室内空间——更新前

图88　微更新图则指导下室内空间"自发的多样性"设计图

通过分级管控体系、示范区制度与微更新图则的编制，有效实现"自上而下""自下而上"相结合更新的方式，推动公众参与，实现多元需求，加强基础设施建设，坚持"人民城市人民建、人民城市为人民"，采用微改造这种"绣花"功夫，注重文明传承、文化延续，让城市留下记忆，让人们记住乡愁。

（二）风土谱系：城市有机体的形态类型学诠释

认识是创造的前提，历史地段保护与再生兼具风貌保护和民生改善的双重属性，对于物质空间特征和居民生活状态两方面的诠释和认知是指导设计与实践的重要基础。笔者尝试从城市空间到材料、从人文到社会的不同层面针对青龙街这一"城市有机体"进行解读和诠释，并以此作为基石展开新的设计。

在第一阶段，通过现场调研和历史信息绘制类型学地图，优化诠释层级，逐层对地块情况、建筑类型、地籍信息、人文要素等进行梳理总结；第二阶段，根据新的城市环境和功能需求对地块进行重新划分，对建筑类型进行转换设计；最终将新的建筑类型填入重新划分的地块中，并在构件和材料的层面上对传统风貌特征进行继承和转换。实现从研究到设计的转化。为此，项目组先后开展了一系列研究，包括如下内容：

1. 街区传统空间模式提取

对街区传统建筑空间模式进行调研。历史风貌区内的院落空间，多以单进院落和多进院落为主，院落布局灵活多样。主街两边的房屋是外向型铺面与内聚型住家的结合，多为小面宽，大进深，前店后宅式，户与户多同梁合柱，部分为借梁生柱和靠墙立柱，提取后的空间模式可灵活运用于后续更新改造工作中。

2. 青龙街民居建筑特点提取

通过调研及分析，研究归纳青龙街传统建筑样式、符号、铺地材料和方式等，形成青龙街传统特色的模式语言并落实到街区更新设计中来。

（1）构架形式：青龙街民居构架类型十分丰富，主要为厦廊构架形式、挑厦构架式、吊柱构架式；

（2）屋顶形式：传统民居多为硬山屋顶，有少数悬山屋顶。屋顶材料使用青灰色筒板瓦，有瓦当（寿头瓦），不用滴水瓦；

（3）建筑色调：朱丹色、白色、青灰色为主色调；

（4）结构体系：穿斗式木构架、垒土坯墙、瓦屋顶，高约6米的两层结构民居建筑；

（5）空间格局：多为小面宽、大进深、前殿后寝，户与户多同梁和柱，部分为借梁生柱和靠墙立柱；

（6）街巷结构：前街后巷、自由灵活，空间尺度亲切宜人。

3. 现状立面问题调研

对于建筑立面的更新，笔者遵循原真性、现代性和真实性原则。对地块内现存文物建筑进行测绘和调研，能保则保，应保尽保，并对建筑形制和建筑做法、细部构造等进行总结记录，为后续工作提供保障。

4. 历史人文要素提取

青龙街是板桥历史文化名镇的主要历史载体，笔者通过实地调研和历史文献的查找，整理了重要的历史人文要素（见图89）。

（1）物质要素：共包括文保单位四处、古井等历史环境要素三处，传统院落若干处，主要形式为三合院、三坊一照壁、四合五天井。

（2）非物质要素：最具代表性的为青龙街"十子文化"，包含了万家的顶子、马家的银子、赵家的牌子、董家的包子、戈家的饼子、丁家的馆子、王家的碾子、徐家的轿子、姬家的鞍子、杨家的方子，以及赶集、祭祀，历史故事，马帮、抗战、名人事迹等民俗文化。

图89　形态类型学诠释下传统风貌的继承和转换设计图

（三）遗产活化：兼顾保护与发展的整体性保护策略

形态类型学诠释同样关注历史地段中人口构成和生活模式的变化，以及其对形态和建筑类型演变的推动作用，强调"人与建筑一起保护"的整体性保护思路作为研究和设计的准则，在回应历史的同时，适应当前城市生活。

本次规划立足永昌市井文化、板桥驿道文化、民俗文化、商业建筑文化、民居建筑文化、抗战文化，整合文化、旅游、商业、居住职能，将青龙街打造为最具典范性板桥历史文化商业步行街区，永昌"城市怀旧"和"深度旅游"的人文游憩中心。项目以居民为本，织补公共空间，完善社区服务配置、增加生活型商业设施；同时从板桥镇的实际出发，在保护与更新之间大胆创新，挖掘区域活力触媒，开创了一条遗产保护和老城产业转型相互结合的更新之路，具有极强的可操作性和落地性。

1. 严格把控业态引入

为保护青龙街历史文化街区传统建筑风貌和人文景观，同时兼顾旅游产业发展，进行业态再生时要严格控制业态种类和规模。在业态经营选择上，主要分为积极鼓励业态、限制发展业态、绝对禁止业态三大种类。通过不同产业业态和产业功能的组合实现复合化的功能结构（见图90）。

积极鼓励对青龙街历史文化街区传统文化保护和街区环境改善和品质提升有促进作用的商业业态，如：

（1）各级非物质文化遗产相关业态。

①以传统铜制工艺品和生活用品加工制作和销售为主的作坊；

②以甲马版画为基础的传统绘画创作、展示和销售工作室；

③以洞经古乐为代表的传统民俗音乐展示和表演；

④古建筑修缮和泥塑木雕工作室；

图90　注入市井生活乐趣实景

⑤各种传统食品制作和销售的老字号糕饼店、茶馆（董家包子、戈家饼子）；

（2）各种以当地非物质文化资源为主体的相关业态。

①传统土布纺织印染工坊和特色服装销售（王家碾子、马家银子）；

②保山和板桥地方特色菜馆（丁家馆子）；

③传统婚庆文化公司和体验馆（徐家轿子）；

④传统中医中药馆和食疗会所（杨家方子）；

针对此类业态，提倡政府和开发公司在税收、租金和物业管理费用等方面进行适当减免和优惠，对相应的建筑改造和修复提供技术支持和相应费用补贴。同时，在空间发展顺序上同样对业态引入和布局进行相应管理和调整，分为：绝对控制区——沿青龙街两面建筑全部按照传统建筑风貌引进相应的当地特色鲜明的老字号门店；部分控制区——业态以当地传统手工艺和食品生产工坊和老字号销售门店为主，并根据实际情况灵活调整业态布局，引入手工艺体验作坊和民宿体验馆等；限制区——为适应现代旅游业大量游客的餐饮和住宿需求，适当引入快餐和快捷酒店以满足旅游服务行业发展水平的提升；缓冲区——主要是对商业业态进行宏观上的把控，避免引入对历史文化街区核心区人文景观和传统风貌造成冲击的业态。

2. 积极推动产业转型

（1）文化遗产活化。将文化习俗、生活方式与业态结合，将文化在它的原生地实时展示，将其转化为可观、可玩、可购的文化产品。注重老字号、传统产业与非遗文化的培育与展示，配套文化展览、匠人工作室、非遗体验等功能，挖掘、延续历史文化特色，实现文化和产业双重复兴，促进片区宜居、宜业、宜游，使老街焕发出勃勃生机。

（2）整合"永昌文明"精华。永昌地区历史悠久、文化多元，呈现开放性大聚落文化的特点：丰富、广泛、集聚性弱。我们可以在青龙街广泛吸收永昌地区的民俗精华，将永昌文明的地域民俗文化、民风体验整合，以青龙街为依托打造永昌市井生活的集中地。

（3）打造"非遗文创街区"。将魁星阁以南 125 米路段打造成非遗文创街区，共甄选入驻非遗项目经营单位 30 家，包括国家级非遗永子围棋，省级非遗乌铜走银、甲马版画，市级非遗桂香楼、芝兰轩，区级非遗百年老茶馆、沙登甄子等各种级别、不同类别的优秀非遗商户。同时积极完善新业态，优化产业结构，引入格物驿站、比顿咖啡、美院文创等文旅企业 18 家。非遗文化、特色美食、文创产品、咖啡吧、乐器行等一应俱全。

四、实施成效

（一）经济效益

目前，青龙街已引入 100 余家商户入驻，业态布局进一步优化。2021年，青龙街接待游客人数达 200 万人次，实现旅游业总收入 4000 多万元。2022 年，青龙街接待游客人数达 260 万人次，实现旅游业总收入 5000 多万元。在丰富市民游客文化消费的同时，带动对非遗文化的保护，推动了区域夜间经济的发展，增加了地方旅游经济收入。

（二）社会效益

青龙街"非遗文创街区"的打造，为入驻的非遗商户提供了展演、销售、互动体验的平台，吸引大量群众前来观摩、参与，既实现了非遗商户的聚合发展，也让人们在与非遗文化的近距离接触中，感受到中华优秀传统文化的独特魅力，推动了非遗文化的传承与发展。

同时，良好的传统街区风貌与文化环境为市民及各类民间组织搭建了文化活动的舞台。以古街古镇为平台、以传统文化活动为载体，青龙街先后举办了以"文物映耀百年征程"为主题的"2021 自然和文化遗产日保山市主场活动"，以传统汉文化为素材的综合性沉浸式"板桥青龙街周末传统文艺巡演活动"，耍龙舞狮、汉服走秀、旗袍走秀、洞经弹奏等穿插融合的文艺表演，中秋、国庆期间的"国潮青龙 Gai"系列文化活动，端午汉文化活动，一场场精彩纷呈的文化盛宴在青龙街轮番上演，吸引着大量人群前来参与。百年前包罗万象的驿站，成为汇集地域传统手艺、传统美食、非物质文化遗产、文化活动的城市人文游憩中心，推动了城市文化繁荣与交流，为城市增添活力。

青龙街现已被评为云南省旅游休闲街区、云南省夜间文化和旅游消费集聚区、保山市 3A 级旅游景区。项目现已入选 2022 云南省文化和旅游规划设计优秀案例，并荣获 2023 年度云南省优秀工程勘察设计奖二等奖。

青龙街的更新，根植于中华优秀传统文化的沃土，立足历史街区错综复杂的活态社会现状，保护了历史文化记忆，融入了地域特征与时代风貌，开创了遗产保护和老城产业转型相结合的更新之路，提炼展示了南方丝绸之路这一代表性中华文化精髓，讲好中国故事，再现丝路辉煌，孕育出中国式现代化文化创新与自信的累累硕果，对新时期历史文化遗产的保护与传承实践具有良好的示范价值和意义。

大理市乡村民宿客栈发展专项规划[1]

　　大理市作为全国著名旅游城市、国家首批全域旅游示范市、国家历史文化名城、中国首批十大魅力城市之一，旅游不断地发展对环洱海旅游的基础设施完善、旅游产品供给创新、旅游市场环境整治、生态环境保护都带来了新的考验。在洱海环保压力巨大的今天，由于国土空间规划的重新编制，洱海三线管制的要求，以及大理市内客栈无序扩张的现象，特编制此规划，旨在对大理市乡村民宿客栈发展加以引导，落实客栈发展用地，规范管理客栈经营，明确大理市乡村民宿客栈未来发展方向，有效指导大理市乡村民宿客栈发展。

一、规划背景

　　2015 年，国务院颁布的《关于加快发展生活性服务业促进消费结构升级的指导意见》《关于落实发展新理念加快农业现代化实现全面小康目标的若干意见》中均提出大力发展乡村民宿。

　　2018 年，《中共中央　国务院关于实施乡村振兴战略的意见》提出实施休闲农业和乡村旅游精品工程，建设一批设施完备、功能多样的休闲观光园区、森林人家、康养基地、乡村民宿、特色小镇（见图91）。鼓励利用闲置农房发展民宿、养老等项目，发展乡村共享经济、创意农业、特色文化产业。大理市于 2018 年 7 月 13 日发布《大理市乡村民宿客栈管理办法（试行）》，规范管理当地民宿客栈。在国家扶植乡村民宿客栈的机遇及洱海保护面临的挑战下，编制《大理市乡村民宿客栈发展专项规划》刻不容缓。

图91　大理乡村民宿

[1] 编制单位：云南省设计院集团有限公司
　　　文稿执笔人：张云柯、李德强、陈鹏、师子乾

二、规划思路

（一）规划范围确定

本次规划范围涵盖大理市 11 个乡镇（包括下关镇、凤仪镇、海东镇、挖色镇、双廊镇、上关镇、喜洲镇、湾桥镇、银桥镇、大理镇、太邑乡）、海开委、经开区及大理旅游度假区组成的大理市市域范围，面积约 1815 平方千米，研究重点聚焦乡村民宿客栈（见图 92）。

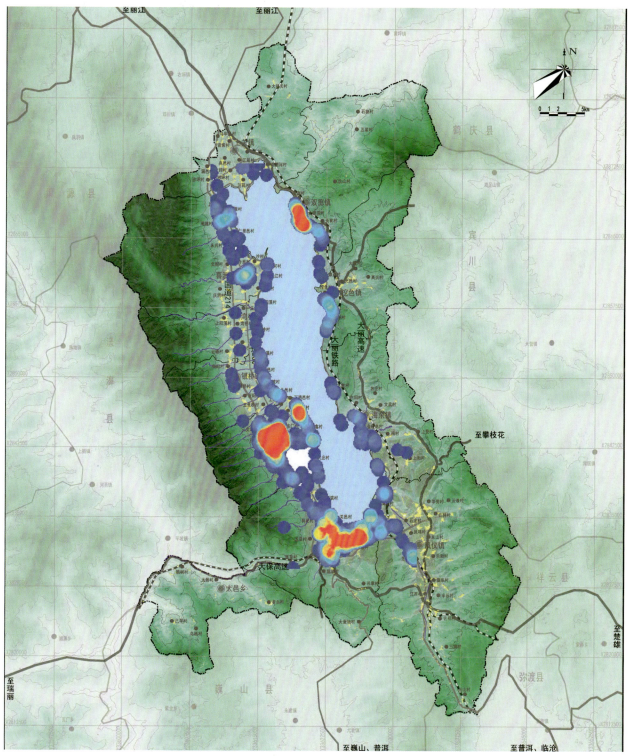

图92　大理民宿客栈分布热力图

（二）规划期限

1. 近期

2019—2021 年，乡村民宿客栈管理期，实现乡村管理有序、经营规范。

2. 中期

2022—2025 年，乡村民宿客栈引导期，引导民宿客栈不仅形态万千而且别具特色。

3. 远期

2026—2035 年，全面推进乡村民宿发展期，实现乡村民宿客栈全域布局。

（三）规划战略

1."互联网＋"战略

政府应完善网络基础设施建设，并向各村开展网络使用及乡村民宿网络宣传等培训教育，还应建设专业的乡村民宿推广网络平台，对外建立整体印象，打造"大理市乡村民宿"品牌。

2."文化＋"战略

强调顾客参与，了解游客需求，把乡村民宿与欣赏田园风光、体会乡村闲适生活、感受民俗节庆等内容结合起来，用创新思维为旅游者设计具有核心资源、参与性强的特色乡村民宿产品，提升大理市乡村民宿竞争力和吸引力。

3."产业集群"战略

推进各分散的单体乡村民宿连线成片发展形成民宿聚集区，通过整体包装实现规模效应，强化整体的品牌效应，增强游客的认知度和辨识度，逐步将乡村民宿产业推向成熟。

三、规划定位目标

（一）规划定位

以全域旅游为契机，落实洱海保护原则，以乡村振兴为抓手依托大理独特的乡土文化和建筑，统筹全域民宿空间布局，面向大众以及中高端旅游市场，策划多元化乡村民宿客栈旅游产品，打造一批具有地域文化特色的乡村民宿客栈，使民宿客栈成为美丽大理亮丽的文化名片，形成具有国际知名度的大理乡村民宿品牌，成为大理市旅游产业的重要支柱，形成洱海保护的重要支撑。

（二）规划目标

引导大理市乡村民宿客栈布局和有机更新，实现管理有序，保护生态环境，规范经营行为，促进大理市民宿客栈的健康有序发展。同时，引导民宿客栈不仅形态万千而且别具特色，成为区域性旅游品牌及核心吸引物的重要构成，促进大理市建设全域旅游示范区和国际旅游目的地。

四、技术路线

本次规划从刚性控制、弹性管理、引导措施三个主要方面开展大理市民宿客栈专项规划编制工作：

刚性控制坚持洱海保护，在三线管控的基础下，明确大理市民宿客栈建设控制"底线"；

弹性管理在不违反"底线"的基础上，结合《大理市乡村民宿客栈管理办法（试行）》，提出客栈管控要求及奖惩措施，同时对大理市居住区内非农村客栈管理提供引导办法；

引导措施在分析大理市客栈现状家底的基础上，结合大理市全域旅游发展优势和趋势，通过案例研究、产业策划等方式，制定民宿客栈发展战略，策划民宿客栈产业业态及产品，列出精品客栈建设标准，分片区提出民宿客栈发展指引及引导（见图93）。

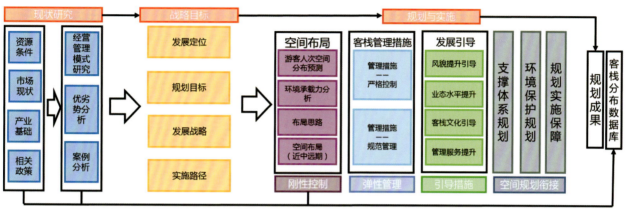

图93 规划技术路线图

五、主要工作内容

（一）问题分析导向，通过问卷调查与大数据分析发现大理市民宿客栈存在问题

通过问卷调研明确大理市民宿客栈游客人群信息及游客诉求，通过大数据分析，找出大理市民宿客栈发展局限及发展诉求。

1. 管理不明确

缺乏市域层面的宏观规划引导致使投资方不敢介入，大理市民宿发展较为良好，但分布散、布局乱。需构建全市民宿空间发展体系和支撑体系，对全域民宿发展进行统筹规划和建设引导。

2. 体验单一

民宿客栈不管好与坏基本只提供"住"的功能，民宿类型较为单一，多以旅游观光类民宿为主，主打"慢生活"，吸引人群也多以青年的低端人群为主。民宿的丰富度不足，缺乏家庭亲子类、户外野奢等类型。

3. 空间受限

目前局限于洱海，之后如何发展？大理市民宿发展太过依赖洱海，现状民宿多临近洱海建设。但随着洱海的保护越来越严格，三线的划定，位于洱海核心保护区内的大量民宿关门停业，大理民宿的发展受阻。

4. 缺少联动

大理民宿不缺精品，同时也不缺品牌，但是现状民宿缺乏专门的运营管理机构解决客栈与客栈间相对独立的问题，没有一个平台对全市民宿客栈进行整合营销、宣传和推广以及打造和维护大理民宿客栈品牌。

（二）现场调研结合案例分析找到发展方向

一是通过分析交通、区位、资源及现状客栈，明确大理民宿客栈发展环境。二是通过大理市11个乡镇民宿客栈现状及需求进行分析，明确各乡镇客栈需求。三是与国际国内民宿客栈产业发达地区对比可看出，大理市乃至我国其他地区民宿在民宿管理、策划、开发、宣传及经营管理上与国外客栈发展成熟地区都有着较为明显的差距。

123

（三）立足区域，全域布局，衔接"三线"划定，明确客栈发展用地

结合大理市市域可改造的民居数量，并根据大理市生态实际情况对客栈数进行修正，以满足大理市未来需求。近期疏减民宿客栈数量，优化建设。中期优化洱海核心区内民宿客栈，发展精品。远期全域建设民宿客栈，打造世界级品牌。

（四）政府主导、行业规范、民众参与，建立健全民宿客栈管理机制

充分发挥地方政府职能，建立健全居民参与及社区增权机制，健全市场机制、客栈民宿业运营机制。

（五）统筹整合乡村旅游资源，拓展旅游深度，分片区引导民宿客栈发展

统筹大理市各乡镇的民宿客栈资源，凸显观光休闲度假为主要特色，结合大理市全域旅游规划、大理市旅游总体规划及大理市国土空间规划，规划大理市乡村民宿客栈空间布局形成"一核、两带、七片区"的空间结构（见图94）。

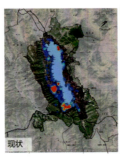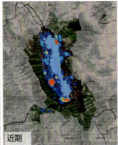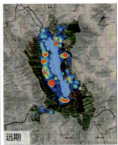

图94　大理民宿客栈空间结构布局

六、项目突出亮点

（一）规划形成洱海保护的重要支撑

坚持洱海保护，在三线管控的基础下，明确大理市民宿客栈建设控制"底线"。严格按照《洱海保护条例》、洱海三线划定要求、《国土空间规划》等规划条例要求，落实洱海保护，明确民宿客栈污水排放及可发展范围。

（二）让更多农民参与到旅游服务中实现旅游带动乡村振兴

以乡村民宿产业为抓手，按全域旅游的思路整合旅游资源，通过主题景区与乡村旅游融合发展，酒店和民宿客栈差异化互补发展的方式，使民宿客栈从洱海边延伸到整个乡村腹地，盘活乡村闲置房屋和土地，实现乡村振兴。通过规划管控，有效控制大理市乡村民宿客栈无序发展问题，提升民宿客栈品质。通过乡村民宿带动乡村旅游发展，餐饮、娱乐、购物等旅游相关行业发展，吸收乡村从业人员，解决农村经济发展问题及剩余劳动力就业问题，提高乡村地区的经济社会发展水平，激发传统村落和空心村活力，实现大理市乡村振兴。同时通过民宿客栈推进农村一、二、三产业融合，让更多农民参与到乡村旅游服务中，增加农民收入，促进大理市全域旅游发展，让村民共享旅游发展红利。

（三）用地布局与国土空间规划充分衔接，确保规划落地性及可实施性

城市性质衔接国土空间规划城市定位，明确客栈发展定位。用地衔接国土空间规划用地布局，明确客栈适宜发展区域。规划目标衔接打造世界旅游目的地及世界级生态城市。

（四）构建大理市乡村民宿数据变化库，实现管理"可感知、能学习、善治理、自适应

规划最初就对大理市市域范围内的民宿客栈进行了数据库的建立，整理大理市市域范围内现状民宿客栈 3000 多家（见图 95），进行现状数据入库，对现状的民宿客栈进行空间布局问题分析。结合大理市国土空间规划用地布局及三区三线划定，对大理市 2025 年及 2035 年的乡村民宿客栈进行分析及预测，在此过程中对村庄内民宿客栈进行布点，并录入数据库内，形成大理市乡村民宿数据变化库，为下一步的民宿客栈建设提供依据。

（五）分片区引导客栈风貌，凸显各乡镇特色，避免出现千篇一律

根据规划后各个片区展现出的主要民宿客栈意象，形成八种特质的风貌分区。

图95　大理乡村民宿分片区布局

七、项目实施成效

目前，大理市根据规划要求开展客栈整治规范工作（见图 96），通过整治规范，客栈全部恢复正常营业。在规划指引下，全市现有民宿客栈增加至 5233 家，从业人员 10566 名，获评国家、省级民宿客栈 41 家，其中白玛酒店被评为云南第一家国家甲级民宿，优质民宿客栈集群逐渐成为大理旅游发展的亮丽名片，有力助推全域旅游发展持续升温，切实盘活乡村民宿资源，助力乡村振兴。

图96　大理乡村民宿客栈整治

腾冲市"大和顺"乡村振兴示范项目规划设计[1]

"大和顺"地处腾冲市中心城区西侧、热海和顺景区公园西部,属于腾冲城市全域景区化建设、腾越文化健康产业体验区的核心组团,是腾冲市域生态振兴、文化振兴、产业振兴三大振兴一体发展的先行优势区。通过多年的发展,"大和顺"已经成为火山地貌奇观的展示地、中华千年和文化的浓缩地、天地和美之诗意栖居地,但仍存在局部生态遭到破坏、内部交通联系不畅、三次产业融合度低、配套设施不健全等问题。本次规划将牢抓各类发展机遇,重点解决上述四大主要问题,聚焦突显核心优势,针对现实面临的瓶颈提出应对策略路径。"大和顺"生态农文旅融合发展、乡村全面振兴将明显增强城市西南板块旅游功能升级,推进清水司莫拉、火山热海国家 5A 级旅游景区联动发展,并依托交通优势辐射带动市域其他乡村地区产业振兴发展。

一、规划背景

2020 年 1 月 19 日,正在云南考察的习近平总书记来到和顺古镇,了解丝绸古道交往、历史文化传承和生态环境保护等情况。2021 年 1 月,经省发改委审定,将大和顺乡村振兴示范项目纳入 2021 年田园综合体创建名单,并给予大力支持。为助推云南省乡村振兴和大滇西旅游环线战略的有效实施,将腾冲市大和顺乡村振兴示范项目打造成云南首批田园综合体的精品示范项目,特编制本规划。

二、思路定位

(一) 规划思路

规划坚持特色优先,以和顺文化为魂,火山田园为韵,树立大和顺特色品牌形象,致力创新驱动,以"两山"理念为引领,推行绿色产业化、产业绿色化的生态振兴,构建共建共享的体制机制环境,让广大人民成为共同富裕的建设者、组织者,共享改革发展的成果,最终形成大和顺人与自然和谐共生,乡村全面振兴发展的美好生活景象。

规划以问题为导向、目标为指引,主要从产业发展规划、总体空间布局、配套支撑体系、风貌控制引导、三生空间控制引导五个方面,制定完整的乡村振兴战略实施蓝图,同时落实开发建设环境影响管控,制定实施计划与保障措施,保障项目的稳步推进和可持续发展,具体规划思路框架如下(见图 97)。

---

[1] 编制单位:浙江大学城乡规划设计研究院有限公司
文稿执笔人:沈海波

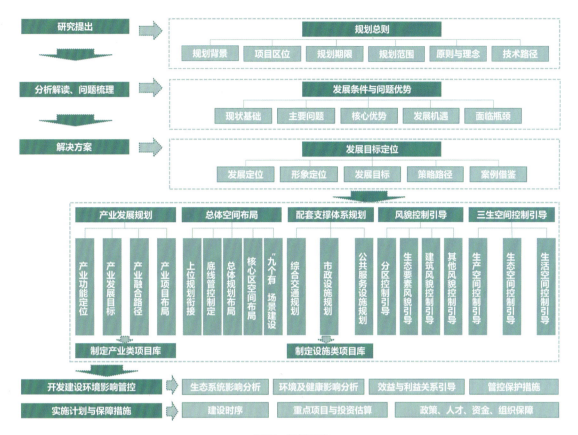

图97　规划思路

（二）总体定位——"世界级火山田园上的中国和顺"

以云南省"田园综合体"建设为抓手，借力和顺国家 5A 级旅游景区创建，聚力发挥大和顺独特的火山地貌环境、人文历史底蕴和区域旅游区位优势，建立以和顺"和"文化为内核、以特色农文旅产业为引擎、以火山田园、传统村落、特色小镇为载体，打造世界级火山田园文旅度假区、国家级乡村振兴示范区、大滇西旅游环线会客厅。

（三）形象定位——"世界腾冲，天下和顺"

山水和美，人地和谐，人民和睦，天下和顺。于传承之上，和是中华文化的社会主义核心价值观；于创新之上，和是东方文化的精神主心骨；于弘扬之上，和是中国献给世界的治世良方，信守和平、和睦、和美、和谐，和是处世之道的大智慧。

（四）发展目标

紧紧围绕"一年见雏形、两年出成效、三年全面完成"的总要求，制定四大产出目标：一产方面，田园综合体内"三品一标"农产品认证面积占总种植面积比例达 80% 以上，土地流转、托管等规模化经营面积占家庭承包耕地面积比例达 90% 以上；二产方面，田园综合体内品牌化产品产值占农产品总产值比例达 90% 以上，农产品加工业产值与农业总产值比高于 3:1；三产方面，游客量达到 180 万人次，旅游收入年均增长 25%；利益联结方面，田园综合体内农民通过集体经济、土地流转、订单农业或保底分红等方式增加收入的人数比例达 100%，村民人均收入超过全国平均水平。

三、重点内容

（一）规划范围

"大和顺"位于云南省保山市的西北部，腾冲市的西南侧，是南北向青藏高原至缅甸国际自驾游大通道与东西向昆明至缅甸密支那国际生态康养旅游大通道的交会区，是大滇西旅游环线闭环的关键支点。

北至大庄东大沟，东至来凤山脚，南至民团沙坡脚，西至腾陇高速，涉及和顺镇、荷花镇、清水乡共 7 个行政村，总用地面积 4200 万平方米。其中，核心区 885 万平方米（含和顺 853 万平方米、清水 32 万平方米，辐射区 3315 万平方米（含和顺 132 万平方米，清水 468 万平方米，荷花 2715 万平方米。

（二）规划布局

1. 总体空间布局

本项目总体空间布局为"一带串联，两极辐射，五片提升，多屏融合"（见图 98）。一带：以大盈江为轴带，串联和顺镇区、镇邑关、甘蔗寨、葡寨、荷花镇区、坝派等多处节点，形成全长约 20 公里的生态文旅乡村振兴示范带。两极：依托和顺古镇、荷花集镇，建设成为辐射周边区域的乡村振兴增长极。五片：包括和顺古镇田园风情、火山森林生态旅游、丝路古道乡村度假、荷花湾文旅商贸小镇、万亩温泉农业示范五大片区。多屏：西部石头山、土官山—邦老山、北部老龟坡—杨家坡、东部大松坡—尹家山等自然生态屏障。

图98　总体空间布局

2. 核心区空间布局:"一核一带,一廊一区"

(1)一核:对和顺坝区农田整合改造、公园式开发,打造为本区的景观生态绿核;

(2)一带:由水碓组团、十字路组团、泰安庄组团、大庄组团构成的"C"字形乡村产业振兴带,通过项目植入、业态提升、功能培育等,推进乡村产业振兴进程;

(3)一廊:大盈江生态廊道,通过水环境治理、滨水空间塑造等手段,打造大盈江成为和顺生态建设示范点;

(4)一区:生态修复示范区,位于西侧泰安庄西南山坡,规划通过绿化美化工程、生态适度开发等手段,恢复山林生态环境,同时作为乡村产业振兴、生态振兴的亮点区域(见图99)。

图99 核心区空间布局

(三)产业融合发展

规划围绕和文化主题,以三产为核心,打造健康生活目的地,产业融合示范区,实现以旅促贸、以旅促农、以旅促工、以旅促文,旅游同一、二、三产协调发展,建设和顺大品牌产业链,构建了以现有的四大特色农产品为引领,五大产业基地为依托,多元渠道为支撑的"4+5+N"的大和顺产业融合模式。

以四大农产品为引领:以火山和米、腾冲和药、极边和莲、和乡蔬果为重点培育对象,通过品牌化方式结合三产带动销售(见图100)。针对每个系列农产品,都做了详细设计,包括产品品类、产品包装、销售思路等,每个农产品在遵循自身特色的基础上,又统一于"大和顺"品牌形象之下。

以五大产业基地为依托:以和米稻香有机种植示范产业园、翡翠产业园、琥珀产业园、根艺博览园、温泉果蔬产业园为依托,充分发挥三产融合的示范效应。

以 N 个渠道为支撑延伸：以多元化渠道为支撑，通过电子商务、会议研学、商贸会展、乡村旅游、文旅体验等方式促进产业融合。

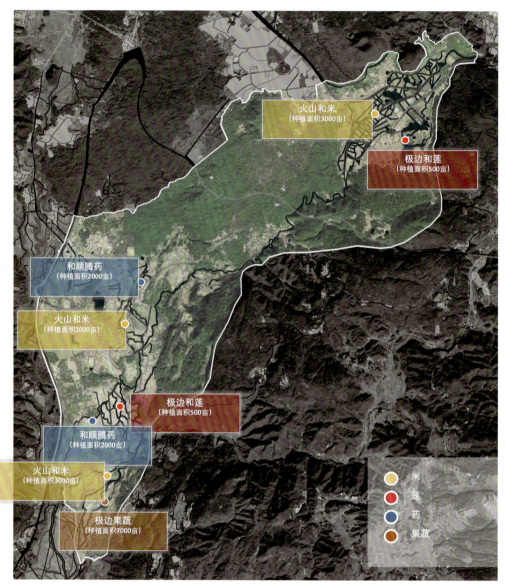

图100 产业融合发展（特色农产品）布局

（四）风貌控制引导

规划坚持生态化、特色化、协调化理念，提出项目区各类风貌控制要求和引导方向，有序推进乡村风貌建设，以形成"村嵌山水间、乡融田园里"，山、水、林、田、湖、草、村落、构筑物等和谐统一的特色乡村风貌。

依托大盈江，串接沿线多个村庄、农田、水域、山丘，构建绿色生态滨水景观。对沿线多村风貌进行重点控制，通过生态绿廊建设，结合田园风貌、火山森林风貌和古镇风情打造大盈江滨水景观廊。以生态廊道为骨架，以古镇、村庄、河道等为重要节点，大面积农田、林地为基质，构建以"一廊、五片"为主体的生态风貌格局（见图 101）。

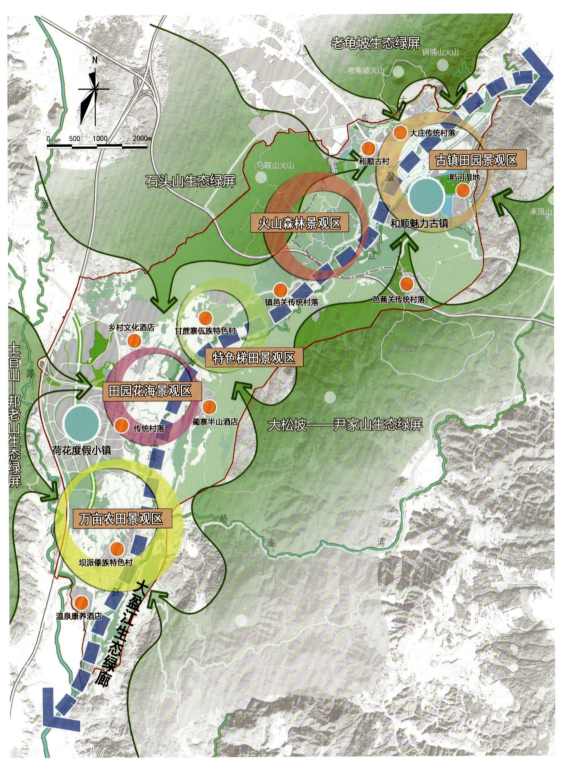

图101　生态风貌格局

（五）近期项目建设

规划以核心区为近期建设重点，在核心区谋划了包括和顺古镇区、和顺火山田园区、和顺泰安古村、和顺大庄古村、和顺悦动谷、和顺火山矿坑生态谷、火山森林康养公园七个区块，共计 27 个建设项目，总投资 10.12 亿元（见图 **102**）。

131

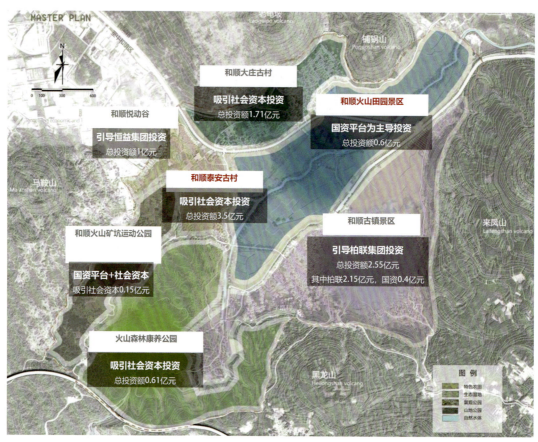

MASTER PLAN

和顺大庄古村
吸引社会资本投资
总投资额1.71亿元

和顺火山田园景区
国资平台为主导投资
总投资额0.6亿元

和顺悦动谷

引导恒益集团投资
总投资额1亿元

和顺泰安古村
吸引社会资本投资
总投资额3.5亿元

和顺古镇景区
引导柏联集团投资
总投资额2.55亿元
其中柏联2.15亿元，国资0.4亿元

和顺火山矿坑运动公园
国资平台+社会资本
吸引社会资本0.15亿元

火山森林康养公园
吸引社会资本投资
总投资额0.61亿元

图102 核心区项目投资情况

四、项目亮点

（一）一条主线、处处体验

规划提出"一条主线、处处体验"的规划思路。受用地性质的限制，需要解决如何在有限的用地上产生更大的价值的问题。

规划围绕"和顺一生 一生和顺"旅游主线，以和顺古镇为核心，串联周边村庄，打造一条沉浸式乡村生活体验线。在现有村庄规划了"和顺泰安古村"景区，与和顺古镇相呼应，在这里，游客可以了解和顺文化，体验马帮生活，感受民族风情，悦动火山地形。

（二）运营前置、融入生活

和顺景区已经运营多年，2020 年 12 月，经过文化和旅游部专家评审会的严格评审和筛选，和顺古镇景区顺利通过国家 5A 级旅游景区景观质量评审，正式列入国家 5A 级旅游景区创建名单。但目前景区内的业态比较单一，与周边的村庄也没有联动发展。在后疫情时代，政府资金有限，企业投资也比较谨慎，因此，必须有效利用现有资源，将乡村资源盘活，在统筹考虑后，规划提出"运营前置、融入生活"的模式。

针对不同的区块，运用运营前置的思维，策划设计一系列项目，将以和顺古镇景区为核心的"大和顺"做成一部展现当地特色生活的体验剧。聚拢来是烟火，摊开来是人间，村就是景区，家就是景点，村景一体、全民参与，让游客可以长时间、多角度、全方位、零距离体验乡村生活。

（三）模式创新、共同富裕

规划将浙江省"共同富裕"的先进模式因地制宜地在腾冲做了探索，提出了"共创、共生、共享、共富、共赢"的"1+5+X"共富模式。村集体与旅投公司组成投资联合体，村民既是股民，户户有股份，资源有分红。结合五大分区，通过三产为主导的产业链条环节，以旅促贸、以旅促农等带动农民致富。同时用租赁＋农产品＋运营＋乡创＋住宿餐饮等多种方式，构建利益联结机制，让资源变资本、产品变商品、村民变股民、人力变人才，最终实现共同富裕。

五、实施成效

腾冲市"大和顺"乡村振兴示范项目已被纳入 2021 年田园总体创建名单，项目所在地方政府通过了专用债省级资金 5 亿元的申请。

截至目前，和顺路域环境综合整治、游客中心建设、特色小镇数字化建设、水生态修复治理项目、荷花湾农业双创产业园等项目建设进展顺利，累计完成投资约 10 亿元。

德钦县拖顶乡车里格村旅游规划 [1]

党的二十大报告指出乡村振兴战略是决胜全面建成小康社会，实现中华民族伟大复兴的中国梦的必然要求，是解决我国"三农"问题的战略部署。车里格村落资源禀赋优越，具有民族文化多样性、历史文化延展性、景观资源丰富性、气候条件优越性、产业发展特色性、区位交通通达性等特点，规划在"尊重村民意愿，尊重村落记忆，尊重传统建筑，尊重生态环境"的前提下，从产业发展、特色游线策划、基础设施改善等方面助力该村实现乡村振兴。

一、项目背景及意义

为深入贯彻习近平总书记关于全面推进乡村振兴重要论述以及两次考察云南重要讲话精神，统筹推进高寒山区和少数民族聚居地区快速发展，建设滇西北区域乡村振兴示范点，车里格村村庄规划是云南省设计院集团响应国家乡村振兴战略开展的第一个技术扶贫项目，具有较强的示范性。2021—2022 年，受德钦县拖顶傈僳族乡人民政府关于车里格村落设计技术帮扶邀请，云南省设计院集团有限公司一建院党总支委会派以党员牵头的设计团队先后两次到拖顶乡车里格村进行实地调研踏勘，为推进乡村振兴战略在迪庆州的实施，助力拖顶乡念萨村委会车里格村的保护与发展，加快推进高原特色农业现代化，建设生态宜居美丽乡村，繁荣发展乡村民俗文化，构建现代乡村治理体系，保障和改善车里格民生，指导车里格村旅游产业发展，特编制车里格村庄旅游规划（见图103）。

图103 项目鸟瞰图

[1] 编制单位：云南省设计院集团
文稿执笔人：赵磊、彭琬凌

二、村落资源禀赋

（一）村落概况

拖顶乡念萨村委会车里格村位于云南省迪庆州德钦县拖顶乡西南部，是云南省迪庆州德钦县拖顶傈僳族乡下辖的行政村，距拖顶乡政府驻地 14 千米，共有 9 个村小组，居民以藏族和傈僳族为主。车里格村隶属于念萨村委会，是滇藏茶马古道驿站，位于迪庆州千湖—哈巴精品旅游环线上，周边分布有维西达摩祖师洞、滇金丝猴国家公园和千湖山景区等众多优质旅游资源，随着滇西大环线的深入推进，车里格村将作为一个重要的以民族文化体验为主的特色景点。

（二）村落资源

一谈到村庄发展，多数地方都会想到发展乡村旅游，但是不是所有的村庄都适合发展旅游业。因此必须以客观、系统的旅游资源评价作为前提。该村在 2020 年前后已有多位海内外专家学者进行实地调研考察，在对该村开展规划设计之前，项目组也对村落的综合发展条件进行了全面梳理，总结归纳出了该村具备发展旅游的六点核心要素：

1. 民族文化多样性

藏族、傈僳族、纳西族三个民族和谐共融，且较好地保留传统民风民俗。

2. 历史文化延展性

地处世界自然遗产"三江并流"核心区及滇、川、藏大三角文化交流区，至今仍然较好地保留了新石器时期人类活动遗址、吐蕃时期石寨遗址、茶马古道遗址、上百年传统民居等重要历史信息。

3. 景观资源丰富性

车里格村枕山面水、依江而筑，具备山水田村有机融合的天然环境，河滩、半山坡地、山谷、山箐等多种地貌并存（见图 104）。

图104　半山花海效果图

135

4. 气候条件优越性

地处河谷，四季春暖花开，迪庆州是为数不多可以直接在户外种植水稻和蔬菜的地方。

5. 产业发展特色性

目前，该村重点发展的特色产业为藏香猪规模化养殖和野生松茸采摘。

6. 区位交通通达性

地处迪庆州中心位置，三县交会之处及景点密集区，比邻在建高速公路。

三、规划思路及重点

（一）规划思路

1. 保护优先

以保护村落生态格局为前提，减少生产、生活、村庄建设及旅游对自然环境的干预，提倡村落的微更新、有机更新。

2. 以人为本

秉持"乡村是为村民而建"的发展理念，采取驻村调研、意见征求等方式遵循村民意愿，做好特色化、精品化、定向化设计，建设和谐共生、生态宜居的美丽乡村。

3. 活化利用

村庄的保护与发展需尊重民风民俗，也要不断传承创新，我们既要保护好历史文化遗产，也要有适应当代生活生产和旅游方式的创新性，通过对历史遗存的科学保护和旅游资源创新合理利用，从而激发村落及村民的活力。

4. 特色发展

避免千村一面最好的方式就是深入挖掘当地特有的历史文化、民族文化、环境资源和产业特色，探索集乡村旅游、文化展示、环境保护、生活生产一体化的特色化发展路径。

（二）规划重点

在保障构建村落特色的同时，也兼顾村落建设的系统性，具体措施如下：建筑修缮、改善生活；节点整治、保留记忆；产业引导、带动致富；路网完善、便捷交通；游线策划、特色旅游；景观营造、美化村落；配套管网、加强环保；文化梳理、永续传承。

1. 依托特色农业资源发展特色产业

车里格常年平均气温 15 摄氏度，气候舒适宜人，适合多种农作物和中草药生长，同时，村内居民普遍养殖藏香猪，又名"琵琶猪"，饱和脂肪含量很低，不饱和脂肪含量较高，皮薄、肉质鲜美丰腴，营养丰富，是藏族饮食文化的一个品牌，被称为"高原之珍"。规划利用村庄大片开阔农田，种植青稞、花椒等特色作物，依托布卡村委会发展特色藏香猪养殖、加工产业，同时将结合藏医药等资源，打造健康生活目的地；依托绿色农业种植养殖，发展松茸野外采摘，将车里格建设成为集展示、生产、加工、销售、旅游体验为一体的特色景点。

2. 深入挖掘民俗内涵，发展文化体验游

车里格拥有茶马古道遗迹，也是有众多古老建筑群的藏夷石寨，形成了藏族、傈僳族、纳西族和谐共融的生活景象，在民居建筑、生活方式、风俗习惯、语言文化、服饰艺品等方面呈现多民族文化交织的特点。规划深入挖掘车里格茶马古道和吐蕃石寨遗址文化内涵，发展历史文化溯源、探秘研学为主的历史文化体验旅游；同时将当地民居进行特色民宿改造，发展以藏民家访、藏浴体验、美食体验、歌舞表演为主的民俗文化体验旅游。

3. 充分利用现状进行提质改造升级

车里格村的建筑改造分为公共服务建筑和民居建筑两类。公共服务建筑均依托现状实际使用需求，在原址或者闲置、废弃建设用地上进行改造和新建（见图105）；民居建筑部分使用原烧毁宅基地，部分在充分征询原住民建设意愿的前提下，对建筑进行民宿改造和环境梳理，并置入新的功能，包括住宿、接待、餐饮等，充分尊重现状，因地制宜发展（见图106）。

图105　村民活动中心建设效果图

137

图106 民居改造设计效果图

4. 完善基础设施建设助力乡村振兴

车里格村现状对外道路等级低，路网体系不完善，内部仅有村活动中心一处，功能设置和整体风貌有待完善。规划一方面结合旅游发展新增茶马驿站、白海螺广场（见图 107）、滨水休闲服务中心、停车场等旅游接待服务设施，另一方面从道路交通、市政基础设施、安全韧性等方面针对性地提出规划和改造措施，切实解决村庄实际问题，提升村民生活品质，改善生活环境，真正实现"村庄美，生活美，环境美"。

四、规划亮点

车里格村具有"五大优势"，规划充分发挥专业技术优势帮助车里格村编制村庄规划，为乡村的社会经济发展文化进步提供指导性、系统性、科学性保障，着力以乡村旅游引领乡村振兴，助力车里格村发展乡村旅游，绘就车里格的乡村振兴蓝图。

（一）发挥生态景观丰富性优势，打造沿江旅游线路

深入挖掘车里格文化资源，开展江岸沙滩旅游及金沙江漂流，车里格在藏语里是白海螺的故乡，本地也有相应传说，设计从本土出发，以藏族八宝右旋白海螺为设计灵感，打造一个极具藏族村落特色的入口文化广场，该区域经青海地质专家验证，为吐蕃时期进村铁桥遗址。此次规划设计根据藏族铁桥的风貌，在铁桥原有遗址基础上进行复原，增加金沙江上观景点，现状河滩分布有细腻的沙子和卵石，设计充分尊重现状，只在石滩增加部分藏族玛尼石堆，将自然美景以最自然的方式呈现给游客。

图107 白海螺广场设计效果图

（二）发挥民族文化多样性优势，打造村寨旅游线路

车里格村利用民居烧毁用地新建驿站，秉持"乡村建设是为农民而建"的发展理念，规划采取驻村调研、意见征求等方式遵循农民意愿，做好定向设计。民居及民宿改造设计在利用当地石材，置入现代功能的基础上，汲取藏式、纳西族、傈僳族民居元素进行地域化设计，从公共建筑到村庄入口广场、景观小品，都专做突出车里格特色的建构筑物。

（三）发挥历史文化延展性优势，打造历史文化旅游线路

规划在保留历史文化遗址的基础上，串联新石器时期人类活动遗址、吐蕃时期石寨遗址、茶马古道遗址，延伸文化传承脉络，建设茶马古道驿站，制定车里格历史文化游线，开发藏族家访、民俗节庆、科普探秘、溯源游学等活动，将一村融合三种文化的独特魅力展现给游客。

（四）发挥气候宜居优势和生态食品优势，打造健康生活目的地

规划通过详细梳理村域产业布局和自然资源特色，由车里格村向外延展，扩展至村域范围，制定一、二、三产融合发展产业链，发挥气候宜居和生态优良优势，种植重楼、秦艽、当归、桔梗等中草药和核桃、花椒、青稞等作物，养殖藏香猪，发展加工、销售、野生菌采摘等生态旅游。

五、规划实施成效

设计团队多次到现场进行村庄建设指导，开展技术帮扶，自发让村民参与到村落建设中，为助力车里格村乡村振兴发展提供了技术保障。2021 年 6 月 25 日，拖顶乡车里格桥建成开通，桥梁全长 100 米，对助推拖顶乡脱贫攻坚，进一步完善德钦交通网络，拓展区域发展空间，改善群众生产生活条件起到不可替代的作用。目前，已有多处民居正在改造建设，村落入口节点也已纳入建设计划。2021—2022 年，车里格村已开展旅游接待，并获得一定旅游收入，进一步拓宽了村民的增收渠道。

广南县坝美世外桃源旅游景区村庄升级改造专项规划 [1]

坝美作为云南著名的旅游目的地享誉在外，然而在其多年乡村旅游产业"高速"发展之后，村庄环境的"过载失控"以及乡村的"传统风貌"几近丧失，成为旅游产业发展带来的巨大副作用。如若按照以往的风貌整治规划和设计的经验予以"僵化复制"，其治理的代价和社会的阻力无疑均是巨大且难以承受的。本项目通过"地文为线，针灸为索"，尊重坝美村发展的"自然"演化规律，正视现状以调和为主，更多地考虑"针灸式的固本清源"以及"因地施策""分类治之"的策略，以希望村庄在传统"尽失"基础上的"更新生长"（一种承认现状上的生长），而非追求"传统"而求"传统"。事实证明，通过对坝美"乡村地文"的探究，不仅可以让我们探知乡村过往的机制，使我们能够在多年之后仍能回溯乡村的过往，同时也可以让我们把住这一乡村的脉络，激活坝美在新的"现状"中更新、迭代。

一、规划背景及基本状况

（一）规划背景

坝美村位于云南省文山壮族苗族自治州广南县县城以北的阿科乡与八达乡交界处，是原生态壮族的聚居之地。但由于多年来旅游无序发展，村落环境承载力下降，旅游发展局面不容乐观。整体来说对于此时的坝美村：村落整体风貌混乱，传统民居逐渐消失；自建建筑密度过大，严重影响村落风貌；私搭乱建问题严重，挤压、阻断村庄内部道路，磨灭了村庄原有公共空间；旅游支柱缺乏有效管理，旅游路线过于单一（见图108）。

（二）项目基本状况

该项目建设地点位于广南县坝美世外桃源旅游景区内，其包含了坝美村村庄市政基础设施提升工程、坝美村村庄重要节点提升改造工程、坝美村村庄整体外立面风貌提升工程、坝美村村庄内区域景观绿化工程四部分。

图108 坝美原乡-现状对比

[1] 编制单位：昆明理工大学设计研究院
文稿执笔人：叶涧枫、毕冉、谢图南

二、规划思路

地文为线，探究人地关系。承孝相曾在《地文》中做如下描述："正如我们的指纹和掌纹，往昔的记忆在所有的土地上都保有印迹。指纹是独一无二的，每一片土地亦复如此。有时它的纹路借由自然历史而生，有时则是人类生命延续的雕琢。我们的生命的记录和故事书写在一片片土地上。土地因此成为一本壮丽而神圣的历史书，珍贵不已。这就是地文。"对于传统村落而言，"有时它的纹路借由自然历史而生，有时则是人类生命延续的雕琢。乡村的生命和故事书写在一片片土地上，因此成为一本壮丽而神圣的历史书，弥足珍贵"。传统村落是建立在当地经济结构、社会基础上的传统生存方式、文化生活、社会意识形态的物质载体，由此在传统村落的生长过程中，也自发形成了一系列因地制宜的以桥头、水塘、大树等具有地标象征意义的各种乡村地文空间节点。

（一）以村落地文入手，针灸激活节点

通过深入调研及现代化 3D 航拍建模手段的辅助，我们溯源恢复出坝美村历史上的大致地文肌理：以"八"字形榕树分布为"界"的"上村下田"分区，以榕树分布为"结"的村落公共空间格局（见图 109）。

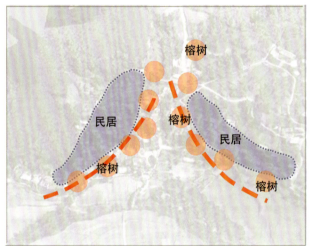

109-1 "上村下田"分区　　　　　　　109-2 公共空间格局

图109　以"八"字形榕树分布为"界"的"上村下田"分区图

坝美村村庄重要节点提升改造也以此原则展开。结合坝美原有山、水、田园格局，以点连线，将山林野趣与乡村生活相组织，并与拉动乡村振兴的旅游产业结合起来。分别设立归隐山居、农耕生活、桃园书苑、市井生活、田间体验等节点，在回归坝美诗意的空间叙事场景的同时，重拾村落应有的公共空间序列，通过激发村庄活力正向拉动村庄旅游经济（见图 110）。

图110　村庄节点的"针灸"活化图

（二）以现状问题切入，减容、解疏和复"貌"

倘若回视项目更新前的坝美原状，仍可看见三个时代阶段的民居杂居于一村。它们分别为：修建于 1990 年以前，以木石结构为主、辅以夯土、茅草的 1-2 层传统壮族民居；20 世纪 90 年代，因村中开建红砖厂后所建造的 2 层红色砖砌小楼（此时的民居平面格局基本还与传统民居保持一致，仍为坡屋顶形式）；以及 2010 年之后以混凝土、红砖为主材料的 3 ～ 4 层方形（或长方形）、平屋顶"小炮楼"（类似于城市中城中村的建盖之法，但求多出建筑面积满足旅游发展需求，这也是坝美村整村密度提升最快速的时期）。第三代民居的密集出现，无疑让坝美村陷入杂乱不堪的境地（见图 111）。

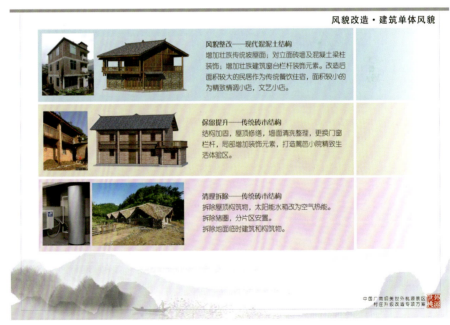

图111　建筑风貌改造策划

由此，针对三种不同类型的建筑进行分类修缮、改造提升则成为必要的改善策略，并对部分过于密集的区域进行"减容""解疏"亦顺理成章。分类策略如下：

1. 传统木石结构、砖木结构民居

局部修缮为主，进行必要的结构加固、屋面修缮、墙面清理，更换生锈的门窗栏杆等部件。

2. 裸露混凝土砖混结构民居

风貌整改为宜，增加坡屋面以遮蔽更加高耸的水箱及太阳能设施；喷涂夯土艺术墙体以覆盖裸露红砖砂浆，恢复木质窗台栏杆。

3. 在建筑密集的榕树区域

减容解疏，让村庄整体得以"透气"，环境压力得以释放，绿色乡村景观得以体现。

而在实际的项目实施过程中，为避免村庄改造过程中常出现的"刻板""单一"的风貌出现，在分类策略的基础上，进一步做到核心区域的"一户一策"，以期乡村地文的真正复"貌"（见图112）。

主街面区域外立面改造·局部示意图（改造措施1）

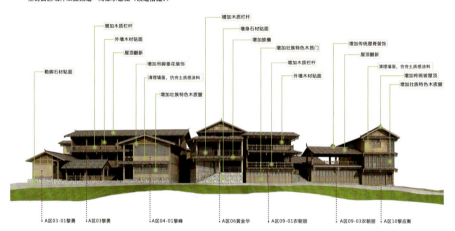

112-1 沿街A区分户改造策略

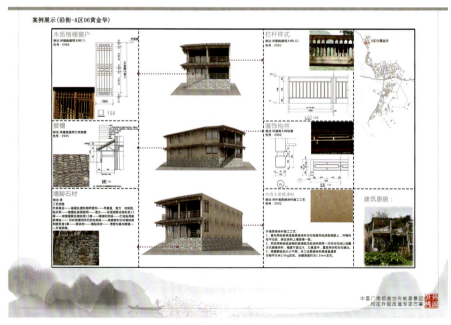

112-2 沿街A区黄金华家案例展示

112-3　B区黎学良家案例展示

112-4　B区黎王勇家案例展示

图112　"一户一策"的复"貌"设计图

（三）关注"不可见"要素，深入"地文"之下

正如大多数村庄一样，坝美村亦经过数次村庄"整治"，但其结果并不理想。究其原因，多"溃败"在乡村旅游产业发展介入后的"过载失控"。原有的乡村市政设施已无力承载产业发展带来的额外负荷，"明线""明管""明沟"自然成为村庄低价解决问题的办法。"以村内环境整治为主线"成为本次项目设计之初的重要共识，通过对街巷关系进行梳理，对"主街—内巷—小径"分层级进行市政优化（见图**113**）。

113-1 主街-内巷-小径优化图

113-2 消防道路优化图

图113 "不可见"要素分析图

　　在梳理村内环境的同时，结合坝美村自身呈现"半山、半水、半分田"的空间态势、绿色生态格局，恢复古朴的壮族村落景观，使其自然环境与人工环境相互渗透，如双手紧握，相互衬托。村内景观绿化以"乡村日常生活"为母本，选用田间地头的植栽、农事工具、柴堆谷串、老木件及废砖旧瓦进行乡村景观地文的再现。同时亦鼓励村民自创景观小品，以期用乡村生活的"真实"引导乡村旅游产业的正向发展（见图114）。

图114 地文景观下的乡村日常生活

三、亮点及成效

（一）"更新生长"而非"僵化复制"

对于那些有"传统风貌"的乡村而言，抓住旅游这一资源完成自我产业的升级、乡村的振兴自然是一件好事情。然而，乡村的"传统"本是在历史进程中逐步生长、发育、成熟而形成的，是一个动态的、开放的乡民自建过程。而在这一"传统"形成演化的漫长过程中，自然环境、经济生产和文化习俗是其演化的主要影响因素。诚然，坝美村的发展本也遵循这样一个"自然"演化规律，既应避免因旅游发展的"需要"而"盲目顺从"，也应正视在不同现状下需要调和的新的需求。这一项目的实施，不仅是"手术式快速修补"，亦是更多地考虑"针灸式的固本清源"以及"因地施策""分类治之"的策略，以希望村庄在传统"尽失"基础上的"更新生长"，而非追求"传统"而"传统"僵化复制。

（二）倾听土地的需求

乡村地文的存在可以让我们探知乡村过往的机制，使我们能够在多年之后仍能回溯乡村的过往，同时也可让我们把住这一乡村的脉络在新的"现状"中更新、迭代地生长。正如苏珊·郎格所认为，"土地经历过历史的浸染，建筑则是挖掘土地迷人语言的尊重性行为……如果建筑是某一处场地性格的形象化，那么建筑就必须从认真倾听这一方土地的新需求起始"。之于坝美，亦是如此。

147

2022

云南文化和旅游规划设计
优秀成果集

项目规划设计

福贡县石月亮·亚坪乡村振兴示范区
——怒尺扎村服务驿站建设项目策划与规划设计 [1]

石月亮作为怒江福贡县的标志性景点之一，有着傈僳族之根、文化之魂之称。随着石月亮登山步道的修建，给景区带来了一定的人气，但景区旅游产业发展依旧缓慢。本项目通过重新梳理石月亮景区的旅游资源优势，提出"软硬兼施，双核驱动"的提升策略，以构建"1"核心示范区+"3"次级体验区为改革契机，重塑景区金字招牌，努力带动片区生态文化旅游的高质量发展。

一、项目背景

区位

本项目依托云南省"大滇西旅游环线"的建设契机，以全域旅游发展理念为统领，以文旅融合为着力点，打造云南大滇西旅游环线品牌知名生态旅游目的地。2021年，《怒江州"十四五"文化和旅游发展规划 (2021—2035)》明确指出围绕大滇西旅游环线建设福贡——怒江峡谷旅游服务核，石月亮——亚坪生态旅游片区，推动怒江州"旅游技术中心、旅游服务站、旅游服务点"三级旅游集散体系构建，深入推进文化旅游产业的高质量发展。

福贡县作为大滇西旅游环线的关键节点，有着高山峡谷观光、傈僳民族风情体验、文化生态科考、神奇秘境探险、休闲养生康体等独具特色的旅游资源优势，这里山奇水秀、云美人和，被誉为"石月秘境，峡谷福地"。石月亮作为其标志性的旅游景点之一，有着绮丽神秘的怒江大峡谷的地质奇观。但景区内除了石月亮这一单一支撑景点以外，缺少其他强劲 IP 项目加持，并且沿途服务设施不足，导致景区旅游产业发展缓慢。亟须以新理念、新思路重新定位石月亮景区，提升其在省内、国内的认知度，提升游客对景区的满意度及认可度。

二、景区提升规划

（一）认识石月亮——重拾"五大资源优势"

1. 绚丽多姿的自然风光
有着美丽的自然生态底蕴，森林覆盖率达 82.23%。

2. 历史悠久的傈僳文化
傈僳语将石月亮称为"亚哈巴"，其伴随着一个傈僳族的美丽传说，是傈僳族之根，文化之魂。

3. 丰富多样的动植物资源
随着海拔升高，从亚热带到寒带的各类生物并存。

4. 惊艳壮丽的地质博物馆
怒江峡谷独特的地质奇观。

[1] 编制单位：基准方中建筑设计股份有限公司
文稿执笔人：邓慧、史超、朱平

5. 浑然天成的运动公园
凭借得天独厚的地理条件，可成为勇敢者、徒步者的运动天堂。

（二）提升策略——"软硬兼施双核驱动"（见图115）

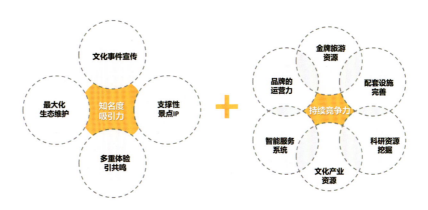

图115　提升策略分析

1. "软核"——提升景区知名度
打造旅游金字招牌，提高景区对旅游客群的吸引力，形成以"山"为本底，以"文化"为赋能的景区核心竞争力，主要从以下四个方面着手：

（1）最大化生态维护。营造依托自然本底，采用"微介入"的方式，最大化保护生态环境，呈现最佳高山峡谷地貌景观。

（2）文化事件的宣传。针对整体景区策划，举办具有影响力的文化事件，定期举办傈僳节日活动，宣传当地民族文化瑰宝。

（3）支撑性景点 IP。结合景区特有优势资源，打造多重具有支撑性的网红景点，多方面提升景区吸引力。

（4）多重体验引共鸣。满足不同层次、年龄游客的多种需求，多维度体验引发精神共鸣。

2. "硬核"——提升旅游景区持续竞争力
进一步提升游客对景区的体验感、认同感、共情感。包括以下六个方面的内容：

（1）金牌旅游资源。结合景区丰富的资源，连同软核共同打造旅游金字招牌。

（2）品牌的运营力。引进景区品牌运营商，依托其良好的运营能力，持续全面、多维度扩大景区影响力。

（3）配套设施完善。道路停车系统完善，游客服务设施完善。

（4）智能服务系统。推动"互联网 +"智能旅游，融入大数据科技展示、智慧互动体验等，促进旅游产品业态升级。

（5）科研资源挖掘。结合地区动植物王国优势，结合学、研，适度开展具有科研性质的生态旅游。

（6）文化产业资源。结合傈僳族起源之地的传说发展文化产业，可考虑原居民召回计划，增加原居民收入。

（三）发展定位——"步行登月、直通天宫"

依托石月亮景区的五大旅游资源优势，结合"软硬兼施，双核驱动"的提升策略，完善景区内旅游集散体系，最终将石月亮景区打造成为极具特色标识性的国家 4A 级高山峡谷地貌旅游景区。未来，在这里可享民族文化传承地，游多重体验度假区，学科考研学专属地，玩顶级户外玩家场，秀心旷神怡属地美。

（四）提升布局——"多重景观文化体验节点"

石月亮景区整体提升规划内容为"1"核心示范区（景区旅游服务站）+"3"次级体验区（景区配套服务点），以石月亮穿洞为景区的龙头项目，在其前端顺沿健康栈道，选取适建场所补充多个景观文化体验节点，提升石月亮景区的门户第一印象，为石月亮穿洞高潮景点作序曲铺垫（见图116）。

图116　规划布局提升示意图

三、核心示范区设计

（一）基础分析

1. 选址优势

选址于云南省怒江傈僳族自治州福贡县北侧的怒尺扎村，东侧紧邻怒江及 G219 国道，有现状道路连通项目场地与 G219 国道；是石月亮景区的枢纽门户，实现对外竞合的形象之门及重要展示区域。

2. 交通组织

怒尺扎村与 G219 国道间现有一蜿蜒道路，为主要人流、车流来向，经过示范区主要以石月亮景区健康栈道作为交通流线。随着未来景区索道的建设完成，示范区将大量接待以索道往来的游客。

3. 景观资源

示范区隔怒江与碧罗雪山相望，自然风光绮丽壮美；东向、南向景观资源极佳，西向景观次之，具有良好的景观资源优势。

4. 选址现状

选址内部有多处民居及若干可保留的核桃古树。整体坡度在 25 度至 50 度，海拔由南向北依次升高，坡向多朝南向景观面，可对雪山景观资源实现最大化利用。

（二）设计构思

1. 人与自然生命共同体的体验区

贯彻"绿水青山就是金山银山"理念，基于傈僳族万物有灵的信仰，采用能量储存系统、污水处理系统、雨水储蓄系统、"微介入"地表处理方式等可持续发展措施，重点保护生态环境。

2. 景区门户的文旅形象展示窗口

研究傈僳族的图腾文化、节日服饰、民居文化，以及石月亮的视觉形态，希望将其进行"形""意"的提取，转译到当代建筑的设计中，成为示范区的建筑布局、立面设计的原型依据。

3. 缤纷民俗文化的传承体验之所

坚持"文化+"的理念，立足傈僳族文化、石月亮文化等旅游资源优势，通过打造火塘文化、美食文化、非遗手工技艺等文化体验，传统民歌艺术节、傈僳特色美食节、阔时文化旅游节等节庆活动，感受传统技艺之独特魅力，传承傈僳族文化之灵魂精髓。

（三）设计理念——"幸福月如意"

"福贡"是祈福圣地石月亮的故乡，有着"幸福的高黎贡山"之意，当地的风土人情孕育着专属的"福"文化特色。而中国传统玉器之玉如意，千百年来一直被人们赋予了吉祥如意的多福寓意，蕴藏着幸福美好将至的文化内涵。因而，示范区整体规划理念取中国传统玉器之"吉祥如意"，傈僳族图腾之"幸福故里"，承载着对福贡、对石月亮景区的美好期许（见图117）。

乐石月

仰看雪山巅，俯见弯弯月，
听风弄松涛，闻鹿戏林间，
观鹃过云天，伴鱼跃青渊，
傈僳杵酒甜，福地常相圆。

图117　日景鸟瞰图

（四）规划布局——"万物有灵、回归天地"

示范区总用地面积约 11688 平方米，总建筑面积约 3473 平方米，是集接待、集散、餐饮、娱乐、观光等于一体的复合型功能建筑。

总体规划上，项目充分考虑选址的地形地貌特点，最大化地保留原有自然山体，采用建筑"微介入"的方式，依山就势，匍匐而上。主体建筑位于选址用地中央，半围合的建筑形态宛如一个泛着微光的玉如意，完美地镶嵌于石月亮半山腰，让建筑更好地消隐于石月秘境中，能够实现人与万物对自然天地的本源回归；东侧蜿蜒的盘山步道、南侧层叠的观景露台，让碧罗雪山的绝美之景能够三百六十度尽收眼底，保留的核桃古树点缀其中，展现了对原始场地的最大尊重；人行、车行流线合理地区分组织，并预留了未来索道客流的通行路线，为景区旺季旅游的良好稳定做出更多保障（见图 118）。

图118　夜景鸟瞰图

（五）产品设计——"自然朴素、和谐共生"

主体建筑采用了傈僳族传统民居"千脚落地屋"的底层架空方式，局部设置吊层空间，用于停车功能使用，呼应山体，使建筑与自然相融合。

地上部分为两层使用空间。首层主要为接待、集散功能。结合南侧的集散观景广场设置室内游客接待大厅，大厅内布局接待区、卫生间、纪念品展销厅以及后勤区等空间。

二层主要为休憩、体验功能。经过首层的弯月通道及半室外弧形楼梯可进入二层的檐廊灰空间，半月形态布局了游客休息观景区、民族特色美食餐厅、民族文化展廊等空间，经过文化展览体验区可直接前往索道站点，继续对景区的游玩探索。

建筑层层叠叠的错台设计，柔和细腻的曲线造型，仿佛是山脉的自然延伸，建筑与绿色山体形成相互融合的有机整体。上实下虚的形体划分，单向坡屋顶的建筑形式语言，屋顶上与屋檐下点缀的拉贝元素，均是对傈僳族传统民居形式的现代转译。以悬挑露台及镜面水池为核心景观的外广场，以月亮为主题的半围合内广场，以框景、借景碧罗雪山的福桥空间，光影斑驳、蜿蜒盘山的民族文化展廊等，都极大地丰富了建筑的游逛性及体验性。

立面材料考虑就地取材，以轻质、环保、可持续为原则，优先选用当地的岩片、毛石、木材等，通过不同材料的色彩、纹理对比调和，形成自然朴素且有丰富肌理变化的立面形式（见图119）。

图119　建筑效果图

（六）产业规划——"多线并行促发展"

坚持以"生态观光＋文化体验＋休闲旅游"多线并行的方式，依托景区内高山峡谷的山地生态资源，重点打造生态徒步、网拍打卡等度假旅游产品；整合乡村文化、民俗文化、石月亮文化等优质文化资源，融入文化创意，重点打造节庆活动、歌舞表演、非遗体验、特色美食、土特产品展销等文化旅游产品；充分利用过渡性地带地貌类型丰富的自然特征，重点打造户外运动旅游、科考研学等旅游产品。

通过多元全面的产业体系规划，分期实施促进景区发展，以旅游拉动经济提升，为实现乡村振兴夯实基础。

四、项目特色及亮点

（一）立足片区生态保护，形成生态文化旅游典范

坚持以"生态优先，绿色发展"为原则。从景区整体的策划、规划到示范区及体验区设计，正确处理生态保护和生态文化旅游的关系。融入国家战略方针，最大化发挥文化赋能、旅游发展的带动作用。

（二）打造多重IP旅游项目，重塑景区新面貌

采用"软硬兼施、双核驱动"的提升策略，依托"1"核心示范区＋"3"次级体验区的建设，不断提升景区知名度及游客满意度。

（三）强调民族文化自信，搭建多元文化展示平台

对傈僳族文化发源地——石月亮景区的特色文化进行保护继承与活化更新，从而推动福贡文化产业的发展。

（四）利用旅游产业发展，
打造乡村振兴示范区

文化、产业赋能乡村振兴，从策划、设计、实施到运营端，通过引进创意、资金、人流，盘活片区乡村文化资源，激发村内生产动力，旨在增加村民收入。

五、实施成效

本次规划成果在专家评审及政府审查过程中，均获得较高评价。

2023 年 7 月，核心示范区项目已全部完工并交付使用，整体完成度较高，成为怒江峡谷的新地标，并在 8 月作为 2023 "沪滇情·民族风"第二届怒江峡谷文化周的会场之一。

弥勒市小太平村创建乡村振兴示范点景观规划设计[1]

弥勒市弥阳街道太平村委会小太平村屹立在太平湖畔，曾经房屋破旧、环境脏乱差、邻里矛盾多。近年来，该村紧扣"四治三融一示范"工作机制，将文明实践融入农村生产生活，让其变为产业兴旺、乡风文明的"幸福村"。小太平村的美丽蝶变，正是弥勒市深入推进农村精神文明建设的生动实践体现。近年来，弥勒市深入贯彻落实习近平总书记关于社会主义精神文明建设的重要论述，把乡风文明作为乡村振兴的紧迫任务，全力发挥文明浸润人心、德化人心、凝聚人心的重要作用，让文明乡风浸润弥勒大地，为全面推进乡村振兴提供了强劲动能，此项目是云南省人民政府为了加快落实弥勒市乡村振兴总体部署和要求，促进旅游产业和经济发展的重点项目。

该项目位于弥勒太平湖水库旁，紧邻太平湖森林公园，有着悠久的历史文化，淳朴的民风，优越的自然条件和人文气息，是弥勒市对外旅游的一张必不可少的名片。

一、项目现状思考分析

（一）政策背景分析

1. 国家层面

《中国农村扶贫开发纲要（2011—2020年）》《关于创新机制扎实推进农村扶贫开发工作的意见》《中共中央 国务院关于打赢脱贫攻坚战的决定》等一系列政策文件，国家政策导向明确。按照扶贫对象精准、项目安排精准、资金使用精准、措施到户精准、因村派人精准、脱贫成效精准的要求，使建档立卡贫困户人口中有5000万人左右通过产业扶持、转移就业、易地搬迁、教育支持、医疗救助等措施实现脱贫，其余完全或部分丧失劳动能力的贫困人口实现社保政策兜底脱贫。依托贫困地区特有的自然人文资源，深入实施乡村旅游扶贫工程。

党的十九大提出了实施乡村振兴战略总要求——产业兴旺、生态宜居、乡风文明、治理有效、生活富裕。中国特色社会主义乡村振兴道路怎么走？会议提出了七条"之路"。必须重塑城乡关系，走城乡融合发展之路；必须巩固和完善农村基本经营制度，走共同富裕之路；必须深化农业供给侧结构性改革，走质量兴农之路；必须坚持人与自然和谐共生，走乡村绿色发展之路；必须传承发展提升农耕文明，走乡村文化兴盛之路；必须创新乡村治理体系，走乡村善治之路；必须打好精准脱贫攻坚战，走中国特色减贫之路。

2. 云南省级战略

2019年11月21日，省扶贫开发领导小组第十四次全体会议在昆明召开。会议强调，要深入学习贯彻党的十九届四中全会精神和习近平总书记关于

[1] 规划编制单位：云南吉成园林设计有限公司
    文稿执笔人：吕天福

扶贫工作的重要论述，贯彻落实国务院扶贫开发领导小组第八次会议精神，咬定目标，真抓实干，坚持目标标准，聚焦短板弱项，不折不扣抓好各项政策举措和工作落实，确保高质量打赢年度脱贫攻坚战，为脱贫攻坚全面收官打下坚实基础。要切实巩固脱贫成果，建立返贫监测预警机制，建立健全稳定脱贫长效机制，加强社会综合保障，保持支持政策稳定，做好脱贫攻坚与乡村振兴战略有机衔接，形成正向激励机制，着力增强贫困地区和贫困群众自我发展能力。

3. 弥勒市级实施

2020 年 7 月 5 日，州委书记姚国华率队到弥勒市调研时强调，要围绕全市重点工作、干部队伍建设，强化弱项，全力防范、破解工作风险。弥阳镇太平村委会小太平村位于太平湖国际生态旅游度假区项目建设范围内，目前该村正开展村庄提升改造工程，当地村民生活不断改善。"村民收入从何而来？对实施提升改造工程是否满意？"在与村干部亲切交流，详细了解工程建设情况后，姚国华书记强调，要按照乡村振兴战略产业兴旺、生态宜居、乡风文明、治理有效、生活富裕总要求，以生态文明建设为引领，充分发挥党员干部带头示范作用，做好群众工作，调动村民积极性，齐心协力做好村庄提升改造，扎实推进乡村振兴。

（二）弥勒交通分析

项目地位于弥勒市区东南角、东北角，直线距离弥勒市约 9 千米，约 20 分钟车程，交通便利。境内交通呈现一横、一圈、两纵、一连接的形式。一横：泸弥高速，一圈：绕城高速，两纵：广昆高速、云桂铁路，一连接：弥勒立交连接线。同时，广昆高速和云桂高铁也是该区域交通的一个便利条件。弥勒市是红河州的北大门，地处滇中城市经济圈，位于滇中城市群和滇东南城镇群的结合部，北距昆明市约 132 千米，南距红河州府蒙自市约 129 千米。G80 广昆高速（含 G8011）和 326 国道纵贯全市，规划在建的泸弥高速、弥峨高速横穿境内，弥蒙铁路纵贯中南部，滇越铁路经西南部国境约 78 千米，云贵高铁弥勒段 68.22 千米，在弥勒设站，通用机场已开工建设。优越的地理区位和方便快捷的交通条件，使弥勒市的游客进入性较强。

（三）屯田文化——军屯、民屯、云南与江南的碰撞

明清时期，为了解决粮食问题，明政府就把内地大量官兵派遣到云南曲靖试行屯兵法，并取得初步成功。随后，屯田制在地广人稀的云南境内全面推广开来，后来扩展为军屯、民屯、商屯三种形式。

（四）水利文化——张冲修建太平湖

抗日爱国将领在回云南之后，投身于弥勒、泸西水利事业的建设之中。云南省政府委派张冲为弥泸水利监督，1940 年就任，他邀请当时在昆明的丘勤宝、冯景兰等著名教授规划了弥勒水库，农田受益面积约 13 平方千米。中华人民共和国成立后弥勒水库工程最后完成，张冲主持的一期工程为弥泸太平水库奠定了良好的基础，弥勒市为此立碑"泽流万里"。

（五）民俗文化——多民族交融、共存

弥勒市为多民族聚居地，有彝族、回族、壮族、傣族等，彝族支系较多，人口仅次于汉族。依风俗习惯等，各个支系略有差异，主要有阿系族、啊乌族、黑彝族、撒尼族、白彝族等彝族支系。各个民族之间的民俗节庆也不同，彝族的火把节、祭火节、烟盒舞、密枝节等民族特色节日为弥勒带来不一样的生机与活力。

（六）森林文化与彝族——林人共存

彝族居住在茂密的森林当中，在利用森林资源的同时，彝族人民也有着保护森林的意识，当地居民会有组织地定期开展森林保护工作，以植树节、护林节的形式宣传植树造林、保护森林的重要性及开展植树活动，在遵循保护生态资源的前提下，可持续地利用生态资源寻求发展。

（七）非遗文化

云南省第二批国家级非物质文化遗产名录——彝族三弦舞（阿细跳月、撒尼大三弦）。阿细跳月是彝族阿细人最具代表性的民族民间舞蹈，阿细语称"嘎斯比"，即"欢乐跳"之意，因多在月光篝火旁起舞，故名曰"阿细跳月"。阿细跳月也称"阿西跳月""跳乐"，自称"阿细""撒尼"的彝族民间传统舞蹈。它发源于云南省弥勒市西山阿细人聚集区，流行于云南弥勒、路南、泸西等地。

（八）经济发展

农业资源——传统与新兴相结合，发展高原有机农业。2012 年被誉为全省 40 个高原特色农业示范县之一，弥勒市的葡萄、甘蔗、花卉、烤烟等物产资源丰富，是云南省的粮食、烟草、葡萄、甘蔗主产区之一。小太平村地势平坦，靠近太平湖森林公园，旅游区位优势较好，生态环境良好，农田以种植瓜果蔬菜为主，可以开展田园观光、采摘、体验农俗文化等活动。

（九）村内外现状及问题分析

小太平村大部分民居主屋保留了当地传统的民居特点，建筑尺度宜人。建筑元素主要为泥土夯实的墙体结构，冬暖夏凉，屋顶、开窗秀丽精巧，有着特殊的乡村特色和乡土气息。村子背面是太平湖森林公园，村前则是风景秀丽的太平水库，秀丽多姿，自然景观资源条件较好。但项目组结合前期调查发现，村内村外在基础设施建设及风貌景观方面存在以下几个问题：

1. 基础设施建设问题方面

一是村内道路整体硬化率不高，影响居民出入便利；二是公共活动空间缺乏，居民精神需求难以满足；三是污水净化处理和垃圾处理设施缺乏，导致当地生态景观及居住环境受到严重影响。

2. 村内风貌景观方面

一是部分房屋质量差，缺乏再利用价值；二是新建建筑色彩搭配凌乱、风格不一，严重影响村庄整体风貌。

（十）弥勒旅游市场分析

弥勒市旅游业在未来将迅猛发展，游客接待量将大幅上升，弥勒市旅游"热时代"到来。2016 年实现年接待游客 607.24 万人次，实现旅游收入 37.65 亿元。2017 年实现年接待游客 822.07 万人次，实现旅游收入 70.70 亿元。2018 年实现年接待游客 1039.23 万人次，实现旅游收入 101.51 亿元。

二、核心规划思路

（一）产业多元引导

由单一的以农业耕种为主到农业设施现代化、乡村旅游多元化的发展策略。空间适度整理——增加活动空间，整理美化公共空间。

（二）文化注入共享

特色民族文化的彰显。

（三）完善基础设施

基础设施建设为村内特色产业发展奠定基础。

（四）产业规划提升

休闲绿色有机农场，乐享自然生态风光，以精致创意休闲农业为方向，培育以农业产业为主，休闲观光旅游产业为辅的人居田园（见图120、图121）。

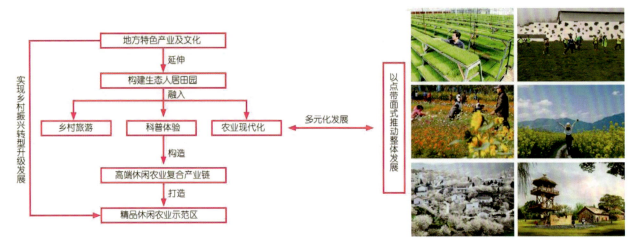

图120　小太平村产业规划图

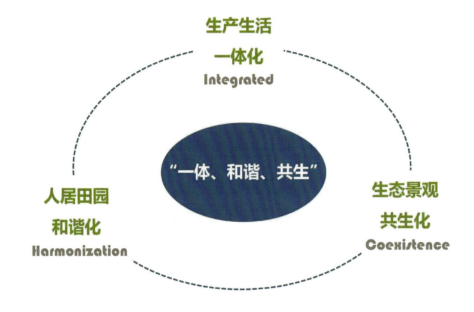

图121　小太平村产业规划图

遵循乡村自身发展规律，体现乡村特色，注重乡土味道，展现民族特色，发展特色产业，建设幸福家园。规划中突出展现"一村一品、一村一景、一村一韵"的特色民族村落。规划中处理好新建、改造与保护的关系，正确处理传承民族优秀历史文化与推动民族进步发展的关系。适用技术上，坚持经济适用、绿色生态和乡村特色。风貌特色上，保持田园风光本底，坚持尊重乡土（见图122）。

规划总平面图
MASTER PLAN

1. 入村牌坊
2. 篮球场
3. 游客中心
4. 村史馆
5. 儿童乐园
6. 乡村民宿
7. 桃林
8. 梨林
9. 农家乐
10. 垂钓池
11. 生态农田
12. 慢步道
13. 屯田博物馆
14. 烤烟博物馆
15. 生态停车场
16. 公共卫生间
17. 养殖基地
18. 活动广场
19. 瓜果长廊
20. 垂钓亭
21. 景观平台
22. 木栈道
23. 入村牌坊
24. 四方街农商中心

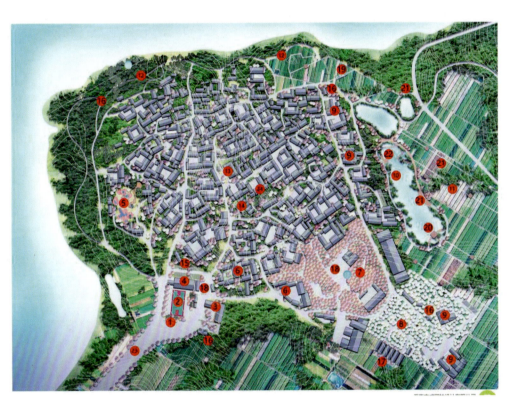

图122 小太平村规划总图

三、项目突出亮点

保证乡村生活品质提升，不单单是基础设施的完善提升，还要保护传统原乡民居的特色风貌。促进地方特色产业发展，凸显地方产业特色，促进产业品牌化、产品多样化发展，打造新型特色产业村。保护传统村落文化延续，充分挖掘弥勒民居的风貌特色，打造文化旅游的一个亮点。村落整体风貌改造在保持原来的建筑格局不变的条件下，进行建筑外立面的改造。提升村落景观绿化，运用色叶植物，樱花、桃花、梨花提升村落景观空间层次，打造"柳暗花明又一村"的景象。将弥勒彝族传统民居风情化、地域化，注重当地居民生活习性，合理利用，就地取材，梳理统一村落建筑风貌，突出地域特色。完善功能布局，建设美丽乡村，形成村容整洁环境美。在功能上与整个旅游度假区形成功能互补。

四、项目实施成效

如今，小太平村实现了从"石漠化荒山坡"到"山水环绕宜居村"的美丽蜕变；从"传统农民村"到"产业工人村"再到"农旅融合村"的华丽转身，

161

乘着乡村振兴发展战略的东风，迈出描绘太平新画卷的大步伐。目前，已建成一条环村主干道及九条支路，交通便利行车方便（见图123）。

图123　小太平村改造后道路实景展示图

小太平乡村振兴示范村占地约 11.2 万平方米，共有民宿 149 户，已建成民宿 144 户，其中 3 层半民宿（516 平方米）114 户、2 层半民宿（387 平方米）30 户。小太平乡村振兴示范村周边基本农田众多，连接村庄的道路穿过农田。农田种植各类瓜果蔬菜，如葡萄、杨梅、核桃等，在不同的季节均有不同的农园体验（见图124）。

民居改造实景照片

图124　小太平村民居改造后实景展示图

盐津县美丽县城（网红城市）建设项目概念性规划[1]

盐津地处西部大峡谷的核心地带，因产盐而得名。历史上曾经是"锁钥南滇、咽喉西蜀"的重要通道和物资集散地，是云南沟通中原的重要门户，是中原文化、巴蜀文化、荆楚文化、古滇文化、夜郎文化、僰人文化的融合之地。但现在的盐津县城缺乏"特色"，盐津特色文化不突出，县城影响力不大。本次概念性规划设计独具盐津特色的发展战略及思路，满足"美丽县城""特色"板块建设指标考核标准；同时结合盐津独特的自然资源与文化资源打造盐津文旅热点，充分考虑城市的配套设施与色彩搭配，形成有层次、有特点的新型城市建设规划。

一、规划背景

盐津县位于云南省东北角，是出滇入川的北大门之一，历史上曾是滇东北与川西南结合部重要的政治、军事、文化重镇和物资集散地。盐津县积极响应"美丽县城"建设工作，本次规划主要以"特色"版块进行提升改造，共建盐津"美丽县城"。根据《云南省人民政府关于"美丽县城"建设的指导意见》（云政发〔2019〕8号）和《云南省"美丽县城"建设导则》中建设指标标准来进行提升改造。规划坚持因地制宜以及现代化与特色化相结合的原则，充分尊重盐津资源禀赋、生态环境、历史文化、区位条件等方面的差异性，注重同本土文化和风土人情相协调。对标对表"美丽县城"建设内容，全力推进盐津美丽县城建设，彰显盐津城市个性特点，打造独具特色的美丽新盐津。

二、规划思路

盐津县地处云南省昭通市，因其境内有盐井、并设渡口而得名。受地理条件限制，县城建筑依山而建，临关河延伸。县城以关河为界，分为河东河西，南北狭长，东西略窄，当地人笑称为"一线城市"，又有"峡谷岩城"的别称。通过对盐津的文化、建筑、地理等分析，盐津可打造集生态、文化、休闲、度假为一体的生态旅游目的地。因此规划提出打造中国"一线网红"城市的建设目标（见图125），围绕此目标将盐津县建设成为"网红旅游胜地"，用色彩来讲盐津新故事。

---

[1] 编制单位：昆明理工大学设计研究院有限公司
　　文稿执笔人：周峰越、杨碧聪、宋怡飞

图125 规划目标图

首先，以建设盐津"网红城市"为抓手，来实现"美丽县城"建设目标。根据"美丽县城"建设指标自评，找出盐津美丽县城的缺项、弱项、漏项，筛查出不足项，找平短板项，补充特色项。

其次，借鉴长沙、郑州及重庆等地的手法，先要找到城市文化的内核，再用互联网助力盐津成为网红城市。城市文化内核是彰显城市个性，承载城市内涵核心要素，同时也是维护城市网红特质的核心要素。设计上利用盐津独有的山水格局，保留纵横的街巷，强调盐津"吊脚楼"，发挥文化价值的同时最大限度保持地域特色，为成为网红经典打下基础。不再是只满足自我期待的"记忆之所"，而是传达城市的情绪价值和精神价值。

最后，结合盐津城市文化打造独有的网红景点，重新塑造"网红城市"标签，展现盐津独特的城市个性及浓烈的城市特色，传达出盐津文化内涵与城市品格。对标"网红城市"的要素，梳理出盐津"网红城市"打造的五大要素，即找到审美、放大特质、重塑核心、保证基础、传达价值。

盐津具有丰富的资源条件，可通过以下四个方面来挖掘和整合盐津独特的自然资源与文化资源：

（一）盐津地理文化

通过对盐津地理人文的特色分析，发现在此生活的人们具有一种特有的盐津精神，体现出盐津人与自然的斗争以及改造利用自然中的一切智慧。

1. 地理

盐津地处四川盆地与云贵高原的夹缝处，是中原文化及边地文化的交接点。形成了盐津独特的地理优势、独特的城市文化及峡谷夹一城，一河贯南北的城市山水格局，又因处于峡谷中又靠近关河，从而形成独特的"吊脚江景楼"。

2. 交通

历史上的南方丝绸之路途经这里，先秦开僰道，秦开五尺道，汉武开南夷道，隋唐开石门道，盐津成为"锁钥南滇、咽喉西蜀"的重要通道和云南、贵州、四川三省接合部的物资集散地，是云南沟通中原的重要门户。而水道航运更是直接催生了盐津县沿江乡镇的建置发展，使得关河两岸商贾云集，商号、盐仓、客栈、马店殊多，其中盐井渡和普洱渡特甚。如今省道昆水公路纵贯县境南北4乡3镇70余千米，内昆铁路在盐津县内开辟有4个客货站，盐电公路、麻水公路的改造和溪洛渡（普桷）进厂公路建成通车。

3. 文化

历史文脉悠久，是夷汉深度融合之地。底蕴丰厚，有相当程度的历史人文资源可发展。中原文化、巴蜀文化、荆楚文化、古滇文化、夜郎文化、僰人文化在这里交汇融合，各种文化取长补短，使之呈现出多元的民族文化内涵，经过长期的融合形成了独具特色的朱提文化。作为云南最早受中原文化影响的地区，盐津是中原文化与古滇文化沟通的纽带，在云南早期文化发展史上具有十分重要的地位。

（二）盐津生活文化

中原文化、巴蜀文化、荆楚文化、古滇文化、夜郎文化、僰人文化在这里交汇融合。文化让人们从真实中走向虚无，生活让我们从虚无中走向真实。

为此，由于身处特殊的地理位置，盐津县一是受到川南文化的影响带来了茶馆文化；二是水路交通带来了码头文化、驿站文化以及手工业文化；三是盐帮马帮纤夫带来的饮食文化；四是中原与边地文化带来民族风情、诗词文学等，因受多元文化影响，形成了盐津独特的生活方式。

（三）盐津"新品牌"

抓住已有网红基础，壮大城市品牌，为盐津"破茧重生"赋能。利用"网红"经济推动地方经济发展，塑造城市IP，打造一系列有传播度的城市产品。同时放大网红属性来打造网红设施的建设，吸引游客打卡游玩，促进当地经济发展。

增设网红平台的搭建，对接新的模式，开设直播培训室，通过专业直播培训＋学习直播带货＋运营＋引流技巧的方式来带动盐津网红城市的发展。最后结合乡村振兴带动经济发展，打造一批乡村振兴示范村，建设一批乡村振兴示范点，形成有特色的乡村振兴示范面。促进产业融合，壮大城市特色文化品牌。

（四）盐津"唯一性"

根据对市场客源的分析，盐津总体旅游规模小，消费水平低，现有的客源市场结构比较单一，而且以周末短途旅游为主，节假日出游为辅。同时通过对周边的核心景观区进行区别竞争，挖掘"唯一"文化。规划设计不是再现川南文化，而是挖掘盐津与周边县城的差异，重新强调盐津的"唯一"性，展现其独特的城市个性及浓烈的城市特色，传达出盐津文化内涵与城市品格。

总体策略上是通过对标美丽县城指标及国家4A级旅游景区的指标，旨在使网红城市品牌与之融合。通过对建筑风貌、旅游景区、主题街区、基础设施的完善与补充来为网红城市助力。先期导入建筑风貌的提升改造，然后营造特色鲜明的"唯一"旅游景区及特色鲜明、业态丰富的主题街区，最后补齐相应的服务配套基础设施，共同融合后达到相应的规划目标。

总体布局上，规划设计依据盐津特有的人文禀赋与自然禀赋、沿河建筑、生态植被、交通区位及乡村振兴点，形成了"一轴三区一示范点"的总体结构（见图126）。

1. 一轴：沿河发展轴

依托关河及沿岸陆路、水路交通，增强老县城与新县城之间的联系，形成沿江发展轴。

2. 三区：文旅体验区、旅游服务配套区、经济文化中心区

依托老县城现有的资源，打造特色文旅体验区，让游客沉浸式体验此街区的历史文化、饮食文化和色彩文化。

黄葛槽片区依托盐井老城区、水田新区，强化城市服务功能配套和旅游接待服务，重点打造旅游综合管理、滨水城市休闲功能。

随着未来行政职能的转移，水田新区将形成城市经济文化中心及市民居住生活的新区域。

3. 一示范点：乡村振兴示范点

将打造集特色餐饮、茶馆、游客中心和乡村振兴特色产品推广为一体的综合示范点。

图126　规划布局总图

三、规划创新及亮点

通过对建筑风貌、旅游景区、主题街区、基础设施的完善与补充来为网红城市助力。本次规划设计利用五脉为引线串联关河与江景大道的重要节点，共同形成盐津"网红景点"。再辅以"生态、特色"的亮点设计来补齐相应的"美丽县城"新名片。

（一）"五脉穿城过，东西望古今"

1."山脉"——"天观一线探雄奇"

通过索道、电梯、滑梯及山顶热气球等无动力设施与游客产生互动，通过此类产品，在空中鸟瞰盐津"一线城市"的奇观，为网红拍摄点打下基础。

2."水脉"——"轻舟遥观千古意"

通过水上交通缓解城市交通压力，同时承载盐津古、今、未发展变迁，做足盐津水文章，再现盐津文化。设计5个水上平台、桥体改造、灰空间改造、滨水栈道以及驳岸硬质挡墙美化来展现盐津的自然禀赋与人文禀赋。其中，5个水上观景平台分别展现盐津不同的特色属性，即盐井渡、纤夫渡、石门关渡、黄金水岸渡、温泉渡（见图127）。

图127　石门关渡口效果图

3."道脉"——"乌蒙峡谷访秘境"

通过豆沙关高速下口以及水田高速下口的特色形象打造，把盐津的形象展现于过境人群，从而引流至盐津县城，也提升盐津的城市新形象。沿路的隧道现状安全性较低，规划提升了隧道的安全性以及网红化，形成盐津网红道。

4."绿脉"——"盐城漫道寻一味"

通过对江景大道进行提升改造，形成盐津独有的特色文化展示带。打造城市绿道慢行系统，形成盐津"慢生活"带。景观结合茶文化、马帮文化、盐文化等再现盐津味；绿化采用增绿添彩、垂花挂绿、增艳覆绿等手法。

5. "亮脉" —— "关河夜色踪影现"

补充盐津城市夜景的不足,同时利用夜游互动设备,体验盐津千年沧桑,补足盐津夜间活动。采用点线面的设计手法进行城市灯光设计,使初来盐津的游客感受地域文化魅力,提升旅游吸引力。

(二)"绘就生态盐津新画卷"

绿色发展焕发出蓬勃的生机,青山绿水描摹着诗画的际遇,绿水青山"底色"更亮、金山银山"成色"更足。盐津在持续推进生态文明建设中,不断谱写着尊重自然、顺应自然、保护自然的生态文明赞歌。本次规划设计助力生态文明建设,通过对盐津园林绿化提升来为此助力。从公园绿地建设与管理、道路绿化提升、河道绿化提升、植物配置特色提升 4 个方面来进行。因盐津地理条件限制,导致整个县城的街头绿地较少,不能达到标准,因此规划考虑重新梳理沿河沿路及街巷空间,增加街头绿地空间节点。把县城分为三大板块来提升改造,其中山林背景版块采用点彩添彩的手法;街巷板块采用垂花挂绿的手法;江边板块采用增艳覆绿的手法。

(三)"织就特色盐津新名片"

盐津曾是"南方丝绸之路"的重要组成部分,长久的商贸过往,促使中原文化、荆楚文化、夜郎文化、巴蜀文化与滇中文化在此交融形成了独具特色的"三川半"文化。其中,特色餐饮、茶馆文化及吊脚楼建筑均为盐津的"唯一"文化,展现出盐津的多彩风情。规划设计从 3 个方面来进行提升改造。分别为城市文化提升、园林景观提升、城市灰空间打造,具体如下:

1. 城市文化提升

主要为人文景观特色文化、交通特色文化的提升;特色风貌提升主要为城镇建设特色提升、加强沿江立面整治、主题街区打造、城市家具及特色小品打造、灯光亮化。

2. 园林景观提升

主要为旅游专线特色打造、盐津文化景观轴打造、江景大道网红节点打造。

3. 城市灰空间打造

主要为激活沿水负楼空间,带动城市公共生活。以私密空间公共化的形式进行现状地下楼层改造,促进区域内居民的步行生活。

综上所述,打造网红城市,塑造盐津新形象,织就特色盐津新名片,用色彩讲盐津新故事。故而从盐津历史文化要素中提取色彩,体现盐津精神,同时借鉴中国传统色彩体现国风国潮,并将其运用于城市色彩规划体系中。建立在中华民族独特感知方式与哲学思维基础上的色彩体系,反映了中华民族的生存体验和文化心理,极具文化价值。色彩来源于对自然四时、天地五方和二十四节气等中国传统文化的理解,将盐津色划分为 6 个主色与 18 个副色。6 个主色为:乌蒙绿(萃微)、城关青(晴山)、纤夫蓝(天水碧)、盐津白(二目鱼)、厘金黄(黄不老)、僰人褐(丹秋)。其中运用的重点为沿水建筑的外立面改造及县大街两侧建筑的改造,结合色彩与盐津文化来展现盐津故事(见图 **128**)。

图128　建筑外立面改造效果图

四、规划实施成效

根据设计的建筑外立面改造要求实施，主要针对建筑的颜色、空调架及店招等进行提升改造。目前，实施已有成效，其他设计均在逐步落实（见图**129**）。

图129　建筑外立面改造成效图

康藤·阿鲁腊卡帐篷营地项目策划 [1]

贡山独龙族怒族自治县地处滇西北怒江大峡谷北段，东与云南省迪庆藏族自治州德钦县、维西县相连，南与怒江傈僳族自治州福贡县相邻，北与西藏自治区察隅县接壤，西与缅甸联邦共和国毗邻。阿鲁腊卡位于贡山独龙族怒族自治县北侧，距县城约 35 公里，海拔约 2670 ~ 2814 米，地势平缓，四周雪山环绕，具备开发成高端帐篷营地的潜力。帐篷营地项目依托怒江大峡谷得天独厚的自然风光和独具特色的地方少数民族文化，以自驾、户外露营为项目核心亮点，串联以高黎贡山雪山、湿地和珍稀动植物为代表的生态景观资源，以少数民族风情和古茶林为主的人文旅游资源，形成集高端户外住宿业态和特色徒步线路产品为一体的综合性精品旅游目的地，以此丰富游客户外旅游体验。

一、项目背景

（一）项目区位

1. 全国区位

云南省位于中国西南边陲，省会昆明，是我国重要的边疆省份和多民族聚居区，东部与贵州省、广西壮族自治区相邻，北部以金沙江为界与四川省隔江相望，西北部紧依西藏自治区，西部与缅甸接壤，南部和老挝、越南毗邻，是中国面向西南开放的"桥头堡"。

2. 省级区位

怒江傈僳族自治州位于云南省西北部的怒江中游，由三江并流之一的怒江由北向南纵贯全境，北接西藏自治区，东北临迪庆藏族自治州，东靠丽江市，西南连大理白族自治州，南接保山市，政府驻泸水市六库镇，是中国唯一的傈僳族自治州，其中独龙族和怒族是怒江所特有的少数民族。

3. 州级区位

贡山独龙族怒族自治县地处滇西北怒江大峡谷北段，东与迪庆藏族自治州德钦县、维西县相连，南与怒江州福贡县相邻，北与西藏自治区察隅县接壤。贡山县地势呈"多山夹多江"高山峡谷地貌，最高海拔 5128 米，最低海拔 1170 米，海拔高差达 3958 米，境内有怒山（碧罗雪山）、高黎贡山和怒江、独龙江等绮丽自然风光（见图 130）。

---

[1] 编制单位：云南康藤旅游发展有限公司
文稿执笔人：周云、和晓珍、马佳

图130 阿鲁腊卡景观

4. 旅游区位

贡山地处怒江大峡谷中段、中国香格里拉生态旅游区，恰好成了连接旅游热点地区的"黄金走廊"，以及"三江并流"世界自然遗产东西连贯的咽喉，东可进入迪庆，南可望滇西和滇东南，西可出境至缅甸、印度，北可进西藏。

捧当乡地处碧罗雪山西麓的怒江两岸，地形较平缓、气候温凉，平均海拔 1800 米，年均气温 13.5 摄氏度至 15 摄氏度，属于高寒山区，全年无霜期 265 天，平均日照为 1352.4 小时，年降雨量为 1200 ~ 1400 毫米。

有丰富的高山草场及沿江河谷小平地，农牧业生产条件良好，有成片的杉、松等原始森林，草场面积较大，野生药材和花卉资源丰富，是森林探险游的好去处。迪麻洛高山草场众多，放牧条件良好，是贡山县的第一大牧区。这些都是开展徒步、山地自行车、马术等活动的绝佳地点，对于当代人来讲，回归自然是不变的话题，并且也符合高端客户群体和外国游客的需求，这对打造世界级旅游胜地有很大的意义。

迪麻洛境内有珙桐、榧木、秃杉、红豆杉等珍稀树木；有红景天、雪莲、草乌、贝母、虫草等野生中药材；有黑木耳、黄木耳、灵芝、羊肚菌、松茸菌等珍稀野生食用菌；有草豹、水鹿、小熊猫、金丝猴、白尾梢虹雉等珍贵野生动物；有丰富的高山牧场旅游资源。纯天然野生食品符合现代人所追求的绿色健康理念，整个环境也是天然的科教场所，在科普中让人们更了解自然。

5. 交通区位

（1）航空区位。2019 年，位于中国云南省怒江傈僳族自治州兰坪白族普米族自治县通甸镇丰华村的兰坪丰华通用机场已建成通航，从昆明长水机场至兰坪丰华机场的执行航班为 2 班，飞行时长为 90 分钟（详见表 4），自 2020 年 3 月起，每天一趟往返，大幅缩短了昆明市至怒江州的往返时长。与此同时当地正积极推进怒江民用机场、贡山通用机场前期工作。

表4 七彩通航昆明——兰坪航班时刻表

航班号	出发地	目的地	航季	起飞时间	到达时间
Z03351	昆明	兰坪	冬春季	08:00	09:30
Z03352	兰坪	昆明		10:10	11:40
Z03351	昆明	兰坪	夏秋季	07:30	09:00
Z03352	兰坪	昆明		09:40	11:10

（2）公路区位。贡山具有滇藏旅游线、大滇西旅游环线、三江并流自驾旅游大环线、怒江州美丽公路的核心交通枢纽优势，随着滇藏旅游廊道以及德贡公路孔雀山隧道的建设推进，有利于打造在途旅游服务的标杆地。

（二）项目选址

项目选址位于怒江州贡山县捧当乡迪麻洛村委会下辖区域阿鲁腊卡村，阿鲁腊卡藏语意为"雪山下生长竹子的地方"，此处地势平缓，海拔约2780米，视野开阔，可向北远眺人间仙境丙中洛和著名的石门关，向西遥望高黎贡山山脉的主峰嘎娃嘎普雪山，向东可饱览碧罗雪山山脉全景，四周雪山环绕（见图131）。整片选址位于两岸峡谷之上，是远眺雪山、草甸，俯瞰怒江的观景胜地。

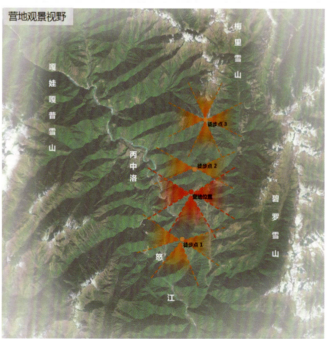

图131 阿鲁腊卡现状

（三）市场分析

1. 住宿业态发展现状分析

贡山具备得天独厚的资源条件，作为交通枢纽核心，在自驾游中占有一席之地，但各景区之间距离较远（见图 **132**），阿鲁腊卡作为旅游线路中的一个节点，难以成为一个最终目的地，目前存在游客停留时间较短、体验型旅游产品较少、观光旅游模式为主等短板。在旅游接待服务经营业态方面，较为完善的旅游住宿接待设施大多集中在丙中洛景区周边，少量以农家和青旅式酒店为主的留宿服务在迪麻洛村，但距离阿鲁腊卡均有一定距离，此外，上述两地均未能形成较为成熟和高端的旅游住宿业态以及较为完善的住宿产品。

图132　阿鲁腊卡周边部分景点分布

2. 市场需求分析

随着我国国民收入的不断提高，旅游已成为生活常态和刚需，游客对旅游体验的深度要求进一步提升。与此同时，伴随着我国乡村振兴战略的实施，乡村旅游将是未来旅游目的地发展的方向，因此，综合自驾旅游、乡村旅游和户外旅游为一体的新兴露营体验将成为后疫情时代的一个增长点。

（四）项目价值和意义

本项目旨在加强保护的前提下，以实现旅游业可持续发展目标为基础，科学合理地开发利用旅游资源。良好的自然旅游资源优势是贡山县乃至怒江州走可持续旅游发展道路的重要基础，对生态旅游资源的有效保护和利用是贡山县在旅游业发展过程把握地方发展机遇、紧跟市场步伐、满足市场需求的前提。

在项目设计理念方面，项目依托大滇西旅游环线景观优美的半山区域，通过"自然、生态、小体量、低密度、有设计感"的设计理念植入，以打造亲近自然、走进自然、感受自然的半山酒店。同时，积极发展高端定制类型旅游项目，根据不同游客需求定制吸引力、互动性与参与性较强的旅行内容，加强旅游体验深度。最后，依托重要交通枢纽，紧抓长途自驾游市场，打造在途旅游服务的标杆地，并借助得天独厚的线路资源，打造徒步、自驾等线路产品，打造自驾旅游体验名片，项目的开展也将带动当地旅游事业发展，促进就业与土特产品的推广销售，从而带动沿线地区经济发展。

在生态保护理念方面，项目所在地怒江州的自然资源具有极高的生态保护价值，因此，项目建设坚持以生态保护优先原则为前提，引入环境友好型营地旅游产品，以轻型帐篷为住宿载体，将有利于实现旅游资源和项目可持续发展、促进生态旅游资源的保护和合理利用。

二、项目总体定位

（一）总体定位

阿鲁腊卡帐篷营地项目将以"三江两山"的高山峡谷地貌、贡山人文底蕴、顶级徒步旅游资源为依托，以高端帐篷营地作为目的地中心切入，利用微营地、可移动的帐篷/装备线路化有效串联资源和营地，通过丰富的线路产品业态组合，打造可持续旅游目的地。

（二）营地主题

大峡谷景观和民俗文化主题。

（三）规划设计方向

1. 峡谷桃园，全景环绕

整体营地设计保障每个游客驻足空间都能形成 180 度至 270 度全景观视野，设计观景平台，营造拥抱大自然的氛围感（见图 133）。

图133　阿鲁腊卡帐篷效果图

2. 融入当地，突出特色

帐篷设计上，结构创新以抵抗高海拔的强风、暴雨和大雪的侵袭，帐篷外观与自然环境深度融合，内饰注重采集当地文化元素和本土取材；营地设计上，景观设计尊重原生环境，通过合理布局和流线设计，营造原生原野的景观场景。

3. 产品串联，丰富体验

以环线旅游产品为核心，打造世界顶级徒步胜地，借力成熟资深徒步旅游爱好者踏勘线路和点位，结合国家步道，凭借阿鲁腊卡正位于顶级徒步旅游资源核心、中心位置的优势，在"三江两山"之间开发长度、主题不一的旅游线路，展开深度体验游，一路汇集高山峡谷、雪峰冰川、高原湿地、森林草甸、稀有动植物等奇观异景，连通云南古老的村落，贯穿"十里不同风，百里不同俗"的民族风情。

4. 引入 LAC

LAC 系统理论即可接受的改变极限理论被植入到康藤·阿鲁腊卡帐篷营地早期阶段和整个建设和运营阶段。在项目施工之前，设计方对低环境影响的建筑和材料进行了广泛的研究，创新出了一个适用于康藤的全流程管理体系。从项目策划开始就有针对地控制营地规模、栈道和帐篷可拆卸；到项目营造阶段，严格施工管理，景观营造过程中充分利用原有设备，避免使用外来物种，采用高标准的环保设施。项目运营阶段，员工本地化、采取本地采购、产品设计融入当地人文资源、不剥夺当地社区对资源的使用权。

（四）项目运营方向

打造康藤·贡山帐篷营地系统，形成精品可持续旅游目的地。

吸引更多游客前来体验其壮丽的自然景观和丰富的人文历史，打造多样化的旅游产品，如徒步旅行、生态观光、文化体验等，满足不同游客的需求。同时，提供优质的旅游服务，如舒适的住宿、美食、导游服务等，提升游客的满意度。引入合理的房态管理和可持续发展的旅游规划，确保游客的安全和保护当地环境的可持续性。

推行生态旅游，提倡游客尊重自然、爱护环境，加强对环境的保护教育和意识培养。与当地居民和相关机构合作，共同参与生态保护工作，推动可持续发展。

三、营地意向性规划

（一）项目整体规划

整个项目按地形布局分层的多阶帐篷，营地范围从北到南形成 22 度斜坡面，为保障每个住宿单元能实现 180 度至 270 度的全景观面，帐篷按层阶分布，每层阶按照同一高程布局（见图 134）。北向作为住宿单体入口，南向作为大面积景观面。公区作为主线，帐篷住宿围绕公区分布，后勤远离核心位置，并且布局于营地四周，起到安全保障作用。

（二）营地功能布局

营地包括入口景观区、公共服务区、帐篷住宿区、后勤服务区、阿鲁腊卡马场和停车场区域，功能齐全，充满度假氛围和当地文化特色（见图 135）。营地还强调运动康养在功能中的融入：营地亲水路面、栈道以及多功能网球场

175

都是理想的休闲运动与健康养生场所。营地餐饮"立足本地食材，打造更美味、更具有当地民族文化特色、更受各地人喜爱的菜品"，在饮食上以藏族饮食为主要特点。同时，马匹是当地藏族生活的一部分，也是茶马古道的重要组成部分，营地结合当地的文化及现代的马术活动，打造阿鲁腊卡营地牧场。

营地内书吧、酒吧、餐厅等公区搭建较为低矮、更易于灵活搭建拆卸的帐篷，低矮帐篷可以避免阻挡雪山景观，又保障在公区可享全景观视野，为游客提供餐饮、休闲、互动交流、活动体验功能。同时，借助现有建筑以及帐篷，满足员工住宿及活动、仓储、安保管护、马房等功能（见图136）。同时，结合当地怒族、独龙族、藏族等民居特点，进行改造修复，自然融为营地景观性建筑，避免突兀感。最后，坚持"轻修整、重原生"原则，尊重原始地形地貌，保持原有格局和植被，进行轻度修整，融入秋千、吊床等休闲景观小品，道路亲水化处理（见图137）。

图134　营地帐篷布局

图135　营地与周边关系分析

图136　营地帐篷设计效果

图137　营地景观设计

四、特色活动内容及旅游线路规划

（一）线路规划

（二）茶马古道文化

将贡山"三江两山"区域内多个特色旅游节点进行串联，营地配备移动帐篷、餐车、卫生间、户外用品等基础设施设备，提供向导、科普人才、餐饮、休憩等在途旅游服务，融合观光和户外运动，同时可体验不同区域的特色活动和餐饮。

以茶马古道文化为背景，利用草甸地势，搭建马圈，开展骑马、赛马等活动，也可以根据游客需要定制重走古驿道精品旅游线路，融入寻迹马站、探访赶马人，提高游客参与度，加强游客与居民良性互动，提高身体素质和文化内涵。

（三）营地周边地形特色营造

对户外山地骑行和徒步活动线路进行规划，定期开展山地骑行康体活动，同时，配备专业向导和沿途补给站，拓宽营地专项旅游市场。

（四）全年季节性主题系列活动策划

藏区美食、时尚摄影、瑜伽教学、动物观察、雪地活动等，推广系列营地产品矩阵。

（五）开展当地乡村生活、牧场体验活动

与周边居民加强互动合作，助力发展生态农业和健康产业。共同开发针对旅游者的乡村生活体验产品，让旅游者感受不同于城市的乡村生活，融入真实的生产劳动，体现生态旅游、乡村旅游的价值。

五、项目实施成效

目前，阿鲁腊卡帐篷营地项目前期施工已基本完成，已进入预运营的内测阶段。营地运营秉持融入地方的理念，项目运营所需食材和用品均采购于当地，同时雇用当地居民作为营地员工参与运营管理，据统计，当地员工雇佣占比高达 90%。下一阶段，营地运营将完全按照策划中相关内容进行，正式开业。

康藤·滇越铁路帐篷营地（人字桥）项目策划[1]

　　滇越铁路是东南亚地区一条连接中国昆明和越南海防港（经中越口岸河口）的铁路，是中国西南地区的第一条铁路，为米轨铁路，呈南北走向，在滇越铁路修筑过程中，较为艰难的当属滇段屏边县境内的"人"字桥。铁路沿线拥有丰富的自然资源，包括矿产资源、水利资源和森林资源等，这些资源的开发利用，将为沿线地区的经济发展提供巨大的潜力和动力。项目策划旨在充分利用铁路周边的自然环境，打造出与大都市喧嚣不同的宁静氛围，吸引游客到此进行旅游活动，推动旅游业的发展。项目设计通过对滇越铁路建设和使用过程中留下了许多具有历史和文化价值的建筑和遗迹的活化利用，充分发掘地方历史和建筑遗迹，使其与旅游业态进行有机融合，同时，地方特色活动体验的产品植入与文化场景的构造也潜移默化地加深着旅游者对滇越铁路的认知和理解，具有重要的历史和文化意义。

一、项目背景

（一）项目旅游资源分析

　　营地项目地处北回归线以南，位于中国云南省唯一的苗族自治县——屏边苗族自治县新华乡倮姑村委会倮姑寨东南方，距离倮姑寨仅 945 米，毗邻滇越铁路的重要节点"人字桥"。这里的森林覆盖率为 68.3%，旅游资源类型多样，民风民俗淳朴多彩。周边人文和自然旅游资源丰富，项目地四周地形复杂，高山横亘连绵，南溪河与四岔河交汇相依，"V"形谷较多（见图 138）。

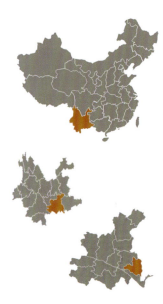

图138　旅游资源区位图

[1]　编制单位：云南康藤旅游发展有限公司
　　　文稿执笔人：周云、和晓珍、马佳

1. 自然资源分析

项目所在地有着得天独厚且未深度开发的丰富自然资源。首先，山地景观资源多样。大围山自然保护区、天然大睡佛、国内罕见的史前陆地火山以及壮丽的高山瀑布，构成了一个令人陶醉的自然景观。南溪河、新现河、那么果河在这片领土上纵贯而过，为这片土地注入了灵气和活力。其次，矿产资源丰富。铅、锌、铁、钨、锰等有色金属矿石，以及大理石、硅石、花岗石、无烟煤等非金属矿产资源较多，为当地经济发展提供了宝贵的支撑。除此之外，这里还拥有生物多样性丰富的大围山原始森林，这片原始森林中栖息着各种珍贵的植物和动物，是生态研究和保护的宝贵资源。

2. 人文资源分析

（1）有望申遗的百年滇越铁路。滇越铁路是东南亚地区一条连接中国昆明和越南海防港，经中越口岸河口的铁路，是中国西南地区的第一条铁路，呈南北走向；是云南史上的第一条铁路，也是我国第一条通往国外的铁路。滇越铁路人字桥被当时英国的《泰晤士报》称为与苏伊士运河、巴拿马运河相媲美的世界第三大工程奇迹，而人字桥也被列入《世界名桥史》，车站是滇越铁路法国建筑文化较为直接的体现，也是滇越铁路重要的旅游资源。

（2）教科书般的工程奇迹和建筑美学集群。俬姑是四岔河（南溪河支流）峡谷的出入口，峡谷两侧的俬姑和冲庄，直线距离约 2500 米，但铁路修建时，即使自白寨开始就陡坡北上，到达冲庄时与山涧对面的俬姑线位高差依旧达到约 300 米，为此，线路深入四岔河峡谷延展约 18 千米，形成了滇越铁路上庞大的四岔河展线，将白寨至俬姑之间的平均坡度降到 20 度，更误打误撞诞生了注定载入人类工程辉煌史册的那座惊世之桥——人字桥，该桥位于四岔河展线的最顶端，桥梁学命名为肋式三铰拱钢梁桥，因两个拱臂形似汉字"人"而得名，和法国巴黎的埃菲尔铁塔同属于钢架结构工程技术鼎盛时期的作品（见图 139）。

（3）民俗活化石般的铁路集市。屏边县白河乡，滇越铁路在中国段穿越的众多少数民族聚居区之一，苗、彝、壮等 12 个少数民族在此聚居。每周一是白河乡的"街（音'该'）子天"（云南方言，赶集日），摊位沿乡镇主干道和米轨铁路排列，在原白鹤桥站附近道口形成交叉汇集。附近的村寨居民沿公路铁路，背着品类繁多的农产品，牲畜和山货来到白河桥，在铁路旁找到自己的一席之地，铺开摊子，吆喝着等待买家到来。

（二）交通分析

1. 公路

昆明直达屏边的自驾线路，全程高速，距离约 330 千米，约 4 小时车程。

2. 动车

现已开通昆明至屏边的动车，耗时约 3 小时（原 K 字头火车也仍在运行，每天一班），蒙自至屏边，耗时约 30 分钟；河口至屏边，耗时约 40 分钟。

3. 航空

红河蒙自机场（即将通航）：蒙自机场出发自驾前往项目地，距离约 86 千米，车程约 2.5 小时。

图139　历史照片和近期照片对比

（三）市场分析

1. 需求分析

从长期来看，旅游依旧是一大部分人的生活刚需。因受疫情影响，可持续、小规模、定制化的生态旅游相较于传统大规模观光游，优势进一步凸显。"去城市化"和"轻探险"细分市场仍是未来旅游发展的主流趋势，而随着我国综合国力和民族自信的逐步增强，历史文化主题旅游项目将是未来旅游热点之一。在乡村振兴的大背景下，可持续的生态旅游也是赋能当地原住民的友好健康生活方式。

2. 竞品分析

目前无论从本地区域，到云南乃至中国还没有此类小受众、以铁路文化为主题、并具有行为引导的帐篷营地产品，在"滇越铁路"文化挖掘、铁路历史文化主题的旅行产品方面，尚在无竞品的空白阶段，市场处于蓝海阶段。

3. 内容分析

滇越铁路是值得保护的全人类共有的珍贵历史记忆片段，东方农耕文化与西方工业文明的智慧结晶，铁路工程史上史诗般的作品。该区域毗邻滇越铁路"芷腊关"，是"芷腊关"段中留存较为完整的核心路线，是整条米轨铁路路线中较好的俯瞰点，是见证滇越铁路修建历史的第一现场，周边尚未开发铁路文化精品徒步穿越、户外瑜伽康养健身、旅居休闲等适合不同季节的高端定制游活动。

（四）项目选址

位于云南红河哈尼族彝族自治州屏边苗族自治县新华乡倮姑村委会倮姑寨东南方，距离倮姑寨仅 945 米，海拔约 1285 米。选址地承载着极为重要的历史文化内涵，位于著名的"芷腊关"段，在滇越铁路中以风光险峻绝美著称，具有社会、历史、文化、艺术和科技价值，较为完整地保留了人字桥、倮姑站、湾塘站等诸多重要节点。

根据有关文献记录，该选址地曾为滇越铁路工程承包商意大利波若伦（Bozzolo）公司总部所在地。100 多年前的建设期，这里曾有米粮仓、诊疗医院、营房、小旅店、员工宿舍、办公楼，以及邮局，等等，俨然一座功能齐全的小村庄。山脉纵横，南溪河和四岔河在此交汇。酷爱摄影的会计乔治·奥古斯特·玛尔博特（G.A.Marbotte）曾描述该地："……这是又一个瑞士，真真切切的阿尔卑斯山谷：山脉绵延、沟壑纵横、瀑布潺潺、美不胜收的奇观异景"。

（五）项目价值和意义

深度挖掘尚未开发的世界级文化旅游资源，可带动屏边甚至云南文化主题旅游的发展；完全契合"半山酒店"的特质，有望成为云南首个文化主题半山酒店样板；和屏边生态旅游、轻探险定位完美契合，互补共促生态与社会效益。

二、项目定位

本项目是以滇越铁路文化为主题的帐篷营地，以滇越铁路历史文脉为主，集旅游观光、休闲度假、民俗文化展示为一体。以倮姑寨旁的波若伦公司原驻地作为建设滇越铁路主题的帐篷主营地，还原铁路建设期间建设者勘察、施工的生活场景，满足现代人怀旧心理需要，营造强烈的现场感和深度体验旅游价值。并以此为中心，在铁路沿线或周边旅游资源区分布微营地，以线路串联各类资源和体验内容，面向文化旅游市场，实现滇越铁路旅游发展的完整性。同时，辐射周边区域旅游资源，带动屏边全域旅游发展。

（一）总体定位

（二）营地主题

百年铁路工业文明中充满诗意山水的线性文化遗产旅游。

（三）规划设计方向

利用好场地现有废墟旧址，尽可能减少建设强度，保留原有植被，以生态旅游原则进行项目打造。

取材于本土，尽可能多地体现和应用本地材料，如原生树种、砂石、砾石等。

最大限度地利用现场既有路网，以较轻手段打造亲水路面。

根据当地常年高湿、温暖的气候特点和人类宜居的环境所需，尽可能增加透气性又不失保暖，内部尽可能做柔性设计，实现整体空间的通透性。

（四）项目运营方向

把滇越铁路文化主题整合到现代人回归自然、怀旧复古、慢节奏的体验需求中，营造怀旧的铁路旅游的现场感，让到访者从到达体验开始，即感受到仿佛坐上了穿梭机，用脚步丈量滇越铁路最精华路段，感受铁路百年变迁历史，住进时光中活着的铁路博物馆。可以成为屏边及当地优质特色产品的对外宣传纽带、行走中的代言人。

围绕屏边线路旅游为主开发，发挥辐射带动作用，与屏边本土旅游经营组织或机构加强合作，更好带动屏边旅游的发展。

三、营地意向性规划

项目以帐篷营地为切入点，通过营地系统发掘旅游资源精品化，建设集观光旅游、文化体验、休闲娱乐为一体的旅游产品。

（一）运动健康康养

以丰富的徒步线路产品衔接铁路线性文化遗产，推崇运动康养。

（二）文化体验内容组合产品

以深度文化体验内容组合产品为拉动，发展以生态观光和文化体验为内核的特种主题旅游，打造小型精品可持续旅游目的地，撬动屏边全域旅游的发展。

（三）营地连接

以康藤·滇越铁路帐篷营地（人字桥）为中心，连接到倮姑站、湾塘站2个微营地（见图140）。

（四）以点带面

以线路串联起各景点和体验内容，发挥辐射带动作用，与国内外、屏边本土旅游经营组织或机构加强合作，形成全域小型旅游目的地，更好带动屏边旅游的发展。

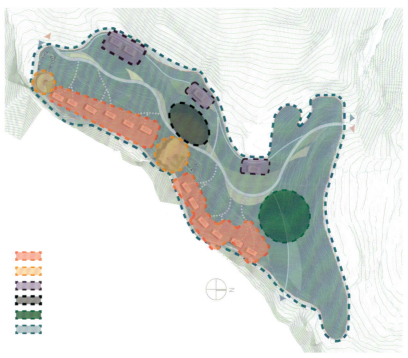

图140　功能分区图

四、项目运营与管理

（一）体验设计与怀旧主题

设计旅游体验，确保访客可以从到达开始就感受到怀旧的铁路旅游氛围。考虑使用复古装饰、音乐、装置艺术等元素，以唤起铁路历史的情感共鸣。

创建仿佛坐上了穿梭机的场景，包括站台、火车车厢等，使游客能够亲身体验历史时刻。

（二）路线开发与徒步旅游

开发滇越铁路最精华的路段，创建各种徒步线路，以满足不同游客的需求，从想要深度体验历史的人到喜欢运动健康的游客。

提供徒步路线的指南、地图和导游，确保游客能够安全地探索这一历史路线。

（三）合作与联动

与本地旅游经营组织或机构建立紧密的合作关系，共同推动屏边旅游的发展。

创造当地优质特色产品，以滇越铁路文化为核心，成为对外宣传的纽带和代言人。

（四）精品旅游目的地

以康藤·滇越铁路帐篷营地为中心，建设观光旅游、文化体验和休闲娱乐的综合旅游产品。

开发深度文化体验内容，包括铁路百年历史、当地文化和生态观光，以吸引不同类型的游客。

（五）可持续发展

确保旅游项目的可持续性，通过生态观光和文化体验来促进社区的经济和文化发展。

考虑环保措施，保护滇越铁路周围的自然环境和文化遗产。

（六）营销与宣传

制定有效的营销策略，包括线上线下推广，以吸引游客。

利用社交媒体和数字媒体平台，展示旅游体验和各种活动，增加项目的可见性。

附件1

2022云南文化和旅游规划设计优秀案例名单

（排名不分先后）

序号	规划名称	编制单位	主要编制人员
1	康藤·阿鲁腊卡帐篷营地项目策划	云南康藤旅游发展有限公司	周云、和晓珍、马佳、何虎、袁正雄、岳怡辰、董秋耘、薛紫宸、马祖谦
2	福贡县石月亮·亚坪乡村振兴示范区——怒尺扎村服务驿站建设项目规划设计	基准方中建筑设计股份有限公司	秦正炜、熊勇、侯宝石、史超、朱平、崔赢方、余晟睿、邓慧、吕兵、李卫
3	康藤·滇越铁路帐篷营地（人字桥）项目策划	云南康藤旅游发展有限公司	周云、和晓珍、马佳、薛紫宸、赵山卉
4	海口镇海关社区矣渡村农文旅融合项目概念性规划	四川艾迪瑞城市规划设计有限公司	苟涛、吴涛、徐洲、罗玉丹
5	盐津县美丽县城（网红城市）建设项目概念性规划	昆明理工大学设计研究院有限公司	周峰越、杨碧聪、刘志安、李文芬、程海帆、陈超、宋怡飞、李磊、李擎、蒋中单
6	广南县八宝乡村振兴示范园（田园综合体）总体规划	中国电建集团昆明勘测设计研究院有限公司	熊帼、林子威、周林、刘文琨、李仕刚、吴玲虹、姜丽波、唐川、阚煜、宋晗瑜
7	德钦县拖顶乡车里格村庄旅游规划	云南省设计院集团有限公司	赵磊、曾惜、俞爱涛、胡志杰、李澄、王辰飞、何娅、蒋途为、李亚东、白锦涛、彭琬凌
8	云南渔洞名樱田园综合体总体规划（2021—2030）	北京绿维文旅科技发展有限公司	林峰、王志联、王鹏训、范珍珍、朱雷裕、李颖婵、胡莹、崔文敬
9	腾冲市"大和顺"乡村振兴示范项目规划设计	浙江大学城乡规划设计研究院有限公司	季薇、潘聪林、金鹏飞、沈海波、张君宜、朱彤、尹丽姿、王丹阳、陈海家、薛皓戈、林蒙蒙
10	弥勒市小太平村创建乡村振兴示范点景观规划设计	云南吉成园林设计有限公司	田媛、吕天福、王旭、朱颉、李瑞丽、李俊良
11	板桥镇青龙街历史文化街区提升保护规划	云南省设计院集团工程投资有限公司	杨涛、普柬、徐丕尚、何磊、金彤彤、孔令晨、李晓香、李滢、樊首伶、刘宏云
12	云南茶马古道和北回归线两条国家步道总体规划	北京大地风景旅游景观规划设计有限公司	张时、金飞豹、程炎青、米学贵、张荣兰、龚慧、张苏浩、杨洁、齐博函

续表

序号	规划名称	编制单位	主要编制人员
13	广南县坝美世外桃源旅游景区村庄升级改造专项规划	昆明理工大学设计研究院有限公司	王冬、叶涧枫、张兴江、谢图南、杨碧聪、毕冉、张文祥、王振华、邵田东、赵建彪
14	丽江市玉龙县宝山乡石头城保护性详细规划	广东国地规划科技股份有限公司	张淑娟、王欢、王茂霖、方其武、李春辉、任思源、刘大邦、吴新馨、赵馥蕾、李娜、邱金满、向粤娟
15	大理市乡村民宿客栈发展专项规划	云南省设计院集团有限公司	师子乾、张云柯、陈鹏、李德强、樊凯、卞励研、杨啟辉、胥睿、陈华、段亚苹
16	会泽县旅游产业发展专项规划	云南同元空间规划设计（集团）有限责任公司	赵馥蕾、刘大邦、唐丽毅、阳华琼、徐飞、马建荣、赵永霜、杨晓霞、王剑桥、李笔宝
17	西双版纳州旅游产业发展及空间布局规划	云南省城乡规划设计研究院	刀认、彭桢、王蓉、程静、达俊文、何蓉、周静、王谦
18	昆明市东川区全域旅游规划	上海交通大学设计研究总院有限公司	周春晖、石峰、徐愉凯、朱哲、赵淼、苏涛、冒玲玲、杜元元、时小红、阚乃日、沈洁
19	华坪县全域康养旅游发展规划	云南方城规划设计有限公司	孙平、李云、吴颖、谭艳林、胡鑫、余安凤、易畅、李贵斌、林雷、陈杰雯
20	潞江镇老石梯寨咖啡庄园修建性详细规划	云南省城乡规划设计研究院	刘雨松、杨志华、王先明、方俊、杨骏骅、曹南薇、刘莉、赵波、王七林、余谦
21	陆良南境颐养小镇发展总体规划和修建性详细规划	云南省城乡规划设计研究院	邵文浩、王娟、崔亚楠、邓雯、高乐、张晓霖、徐红磊、郝晶、王若璞、张怀勋
22	临沧市临翔区昔归普洱小镇发展总体规划及核心区修建性详细规划	云南省城乡规划设计研究院	徐崇艳、桂春琼、吴黄华、杜彬彬、靳伟、杨昆宏、李凤盈、王春杰、马俊林、孙美静

附件 2

规划设计单位简介

（按拼音首字母排序）

北京绿维文旅科技发展有限公司

北京绿维文旅科技发展有限公司，是城乡规划、风景园林、旅游规划、建筑装饰"四甲"规划设计、建设总包、文旅运营全程服务机构，是文旅康养与乡村振兴 EPCO 综合服务商。

以"创意经典·落地运营"为理念，开发运营策划为前提，规划设计为核心，整合顶层设计、投融资、开发、建造、招商、运营、培训、智慧化等全链业务，致力于打造泛旅游开发运营服务平台。

北京大地风景旅游景观规划设计有限公司

北京大地风景旅游景观规划设计有限公司创始于 1997 年，多年来致力于文化旅游发展应用研究与实践运营，秉持内容创新、知行合一价值观，立足中国本土文化，融入国际先进理念，构建旅游目的地全产业链研发和服务体系。经过二十多年深耕，大地风景已经发展成为包含文化旅游规划咨询、旅游投资、目的地发展、文旅建设四大业务领域的旅游目的地全产业链内容供应商。

目前，大地风景已完成编制如北京市旅游发展总体规划、云南大滇西旅游环线新产品新业态规划、云南省国家步道规划、怒江州、丽江市高质量发展三年计划，以及九寨沟、玉龙雪山等全国 3000 多个项目规划案例，覆盖全国 31 个省、自治区、直辖市、300 多个城市，荣获"中国旅游规划设计十大影响力品牌"荣誉称号。

广东国地规划科技股份有限公司

广东国地规划科技股份有限公司于 2005 年成立于广州，是一家提供科学高效、精准务实的自然资源管理技术服务和智慧城市信息技术服务的高新技术企业，中国地理信息产业百强企业，中国智慧城市优秀企业，广州市民营领军企业。

在全国有多家省级分支机构。业务涵盖地理信息数据采集及处理、国土空间规划编制及咨询、土地整治及生态修复、自然资源行业软件开发等自然资源管理技术服务；具备"智慧 +"集成统筹与多场景应用及"规划 +"空间治理全生态链服务能力。

基准方中建筑设计股份有限公司

基准方中建筑设计股份有限公司自 2002 年成立以来，始终专注于工程咨询、设计和项目管理等领域，为城市建设投资商提供优质、高效、贴心的全过程、全面专业的服务。业务涵盖规划、建筑、结构、机电、景观、室内、建筑经济等专业，深耕居住、商业、办公、酒店、文化教育、体育、医疗、TOD 等不同建筑类型以及城市更新、乡村振兴、建筑工业化、绿建、BIM、智能建筑、幕墙、海绵城市等方面的设计领域。企业着力于提供全面解决方案，为城乡发展创造具有地域文化，人文关怀和充满活力的美好空间。

昆明理工大学设计研究院有限公司

昆明理工大学设计研究院有限公司，是 1999 年由原昆明理工大学设计院、云南工业大学建筑设计研究院、云南工业大学建筑工程学院设计院三个乙级设计院合并组建而成的甲级设计院，于 2021 年 12 月 30 日完成公司制改制，是云南省唯一一所具有高校学术背景的多学科、综合性的甲级设计研究院。是以建筑设计为主，兼咨询、规划、勘察、冶金、矿山、电力、水利、环境工程、风景园林、市政、公路、智慧城市、乡村振兴、造价、项目管理及 EPC 工程总承包为一体的综合性工程技术服务设计单位。

四川艾迪瑞城市规划设计有限公司

四川艾迪瑞城市规划设计有限公司（ADR）总部位于成都，公司核心专业为规划设计、建筑设计、景观设计，道路设计四大板块，是一家专注于全领域发展，为客户提供咨询、设计、管理一体化流程的综合型创意机构。ADR 在专注设计的创新性之外，也在寻求产品艺术性与功能性的完美融合，ADR 希望通过设计与自然场地的碰撞来改善使用者的心灵与生活。公司设计人员均为来自业内顶尖设计机构，多年的设计经验与项目实践，熟知国际前沿设计理念和方法，也具有将概念深化，设计细化和实施的丰富经验，设计作品遍及全国多个城市。

上海交通大学设计研究总院有限公司

上海交通大学设计研究总院有限公司成立于1985年，是上海交通大学各学科与实践结合的产学研平台。在上海交大企业发展集团有限公司和中交一公局集团有限公司的共同支撑下，企业高度和广度双向发展，拥有强大的科研力量、领先的技术优势，并具有投资、设计咨询、建造、运维一体化的能力。

目前，上海交通大学设计研究总院有限公司拥有国家建筑工程设计、城乡规划编制、土地规划、风景园林、历史建筑保护等多项专业资质。并通过了 GB/T 19001—2016/ISO 9001:2015 质量管理体系认证。2019 年 10 月，经上海市科学技术委员会、上海市财政局、国家税务总局上海市税务局评选推荐，科技部复核，上海交通大学设计研究总院有限公司荣获"高新技术企业"资格证书。

云南康藤旅游发展有限公司

云南康藤旅游发展有限公司创建于2009年，是中国首家高端帐篷营地的发起者、设计建设方以及运营商。康藤致力于发现独特的旅游资源，打造新兴的可持续旅游产品，建立小型精品旅游目的地，提倡通过产品设计、运营模式来保护自然与文化多样性，实现可持续发展。自2009年起，康藤开始对国家公园LAC系统进行深入研究，管理人员学习国家公园的管理体系，在LAC系统理论的指导下，已经创建了三个目前国内知名的帐篷营地项目。获得了LAC理论在我国实际项目落地实践的宝贵经验和成果。

云南省设计院集团有限公司

云南省设计院集团有限公司创建于1951年，是国内最早成立的承担民用与工业项目建设的大型综合性勘察设计院之一，是云南省勘察设计行业龙头骨干企业，云南省国资委直接监管的省属国有企业。

集团公司是国家高新技术企业，在众多科技创新领域具有领先优势。同时，集团公司成功入选国务院国企改革"双百企业"名单。

云南吉成园林设计有限公司

云南吉成园林设计有限公司成立于2015年，隶属云南吉成控股集团有限公司。

目前拥有国家风景园林设计专项甲级、建筑行业（建筑工程）、市政行业（道路工程）专业乙级设计资质。业务涵盖景观设计、建筑设计、室内外建筑装饰设计、市政道路设计、项目策划营销、城市规划、生态修复、工程咨询等。旨在为客户提供"策划·规划·设计·投资·营销·运营一体化"的全过程服务，致力于打造专业性综合设计机构。

云南省设计院集团工程投资有限公司

云南省设计院集团工程投资有限公司是云南省设计院集团的全资子公司，于1985年成立，公司根植云南丰富多元的地域文化、立足特色发展需求，深耕地域建筑的传承与创新、城市更新与产业升级，主持设计了保山市板桥镇青龙街保护修缮工程、仁寿门片区提升改造等历史街区保护与活力再造项目，昆明信托大厦外立面提升、保山原民干校研学营地、智源天成中学等城市更新与改造项目，中共德宏州委党校、楚雄市应急实训基地等城市公共建筑项目。

云南省城乡规划设计研究院

云南省城乡规划设计研究院是经省政府批准成立的具有城市规划、建筑设计、工程咨询、建设项目可行性研究和市政工程设计甲级资质的全民所有制事业单位，专业技术人员占职工总人数的95%，其中高级职称占35%，中级职称占55%，是一支整体素质较高的专业队伍。建院以来累计完成规划设计、建筑设计和市政工程设计等项目共几千项，获省部级奖励149项，获地厅级奖励82项，深得各级政府及社会各界好评。

云南同元空间规划设计（集团）有限责任公司

云南同元空间规划设计（集团）有限责任公司成立于2006年，当前已成为一家组织形式规范、业务范围广而精、其有较高声誉和影响力的专业技术服务公司。公司旗下有云南同元房地产土地资产评估有限责任公司、云南兴禹生态环境建设有限责任公司、云南景元环保科技有限责任公司等多个涉及土地规划、环境保护、生态建设各领域的专业技术公司。云南同元空间规划设计（集团）有限责任公司现具有：城乡规划编制资质证书（乙级）、土地规划资质证书（乙级）、测绘资质证书（乙级）、国家秘密载体印制资质证书（乙级）、云南省不动产登记代理机构证书。

云南方城规划设计有限公司

云南方城规划设计有限公司成立于 1993 年，是云南省最早一批获得国家城市规划乙级资质的规划单位，公司资质还包括原旅游规划乙级资质、园林绿化设计乙级资质等。公司完成的项目多次获得住建部门、省住建厅的优秀规划设计奖，在社会上具有良好的信誉和知名度。

中国电建集团昆明勘测设计研究院有限公司

中国电建集团昆明勘测设计研究院有限公司是世界 500 强企业中国电建集团成员企业。公司拥有工程设计、工程勘察综合甲级、工程施工总承包壹级

等四十余项资质，并连续十余年入选 ENR"中国工程设计企业 60 强"。业务板块涵盖水务与水利水电、新能源与电力、生态环境治理、城市与交通基础设施、航空港，及工程信息化与智慧化业务。"懂水熟电、擅规划设计、长工程总承包、能投资运营"，具有为政府、企业提供相关业务的商务、技术、融资"一揽子"整体解决方案的综合能力。

浙江大学城乡规划设计研究院有限公司

浙江大学城乡规划设计研究院有限公司为浙江大学控股集团全资国有企业，以百年浙大为依托，秉承"求是创新"的精神，致力于"产、学、研、用"四位一体特色发展，拥有城乡规划编制甲级、建筑工程设计甲级、风景园林工程设计甲级以及旅游规划、土地规划、文物保护工程设计、工程咨询等相关设计资质，提供包括研究、策划、规划、设计、咨询以及国际交流、教育培训等综合性服务，是集科研创新与规划实践于一体的国内领先规划设计研究机构。

2022

云南文化和旅游规划设计
优秀成果集

后 记

　　《2022 云南文化和旅游规划设计优秀成果集》（以下简称《成果集》）是由云南省旅游规划研究院牵头组织编制，对获得 2022 云南文化和旅游规划设计优秀案例的项目内容进行汇编而成。云南文化和旅游规划设计优秀成果集已连续出版 4 年，得到了业内外的好评。

　　《成果集》于 2022 年 7 月正式开始编书工作，在编委会的精心组织下，在认真总结前 3 年编写的经验基础上，在各位专家学者、撰稿人员、参与工作人员的共同努力下，历时近半年编写而成，今天书稿即将付梓。全书由蒙睿提出撰写提纲并审定书稿，杨晓负责全书统稿和审定工作，潘龙宇协助进行统稿、日常联络等工作，《成果集》编委会对文稿进行了最终审定。《成果集》中的案例内容由获得 2022 云南文化和旅游规划设计优秀案例的规划设计单位编写提供，他们是：北京绿维文旅科技发展有限公司、北京大地风景旅游景观规划设计有限公司、广东国地规划科技股份有限公司、基准方中建筑设计股份有限公司、昆明理工大学设计研究院有限公司、四川艾迪瑞城市规划设计有限公司、上海交通大学设计研究总院有限公司、云南康藤旅游发展有限公司、云南省设计院集团有限公司、云南吉成园林设计有限公司、云南省设计院集团工程投资有限公司、云南省城乡规划设计研究院、云南同元空间规划设计（集团）有限责任公司、云南方城规划设计有限公司、中国电建集团昆明勘测设计研究院有限公司、浙江大学城乡规划设计研究院有限公司。对以上规划设计单位及项目团队再次表示感谢。特别感谢云南省旅游研究学术委员会顾问委员范德华、学术委员任洁两位专家对本书提出了宝贵的修改意见。云南省旅游规划研究院科研助理潘龙宇、史雷萌、陈琦、张芮、邓毅、牛辕、孙乾皓等对书稿进行了大量校对工作。正是有了大家的配合和支持，《成果集》的编制工作才得以顺利进行，再次对所有参加《成果集》编制工作的人员表示衷心的感谢。中国旅游出版社也为本书的顺利出版做了大量的工作，在此一并感谢！

　　《成果集》编写涉及面广、内容多，再加上参编人员多、编写时间紧等客观原因，书稿中错漏之处在所难免，敬请读者给予批评指正。

《2022 云南文化和旅游规划设计优秀成果集》编委会

2023 年 10 月